나만의
아지트 주택
짓기

Homestyletoto
House Design Book
vol.2

초판 1쇄 발행일	2015년 6월 24일
저자	임병훈
발행인	이심
편집인	임병기
책임편집	이세정
기획편집	김연정 ｜ 정사은 ｜ 조고은
사진	변종석
디자인	권경덕
마케팅	서병찬
총판 ｜ 관리	장성진 ｜ 이미경
출력	삼보프로세스
인쇄	신흥P&P주식회사
용지	영은페이퍼㈜
발행처	㈜주택문화사
출판등록번호	제13-177호
주소	서울시 강서구 강서로 466 우리벤처타운 6층
전화	02-2664-7114
팩스	02-2662-0847
홈페이지	www.uujj.co.kr
정가	14,800원
ISBN	978-89-6603-024-8

이 책의 저작권은 ㈜주택문화사에 있습니다.
내용의 전부 또는 일부를 이용하려면 반드시 동의를 거쳐야 합니다.
파본 및 잘못된 책은 바꾸어 드립니다.

이 도서의 국립중앙도서관 출판예정도서목록(CIP)은
서지정보유통지원시스템 홈페이지(http://seoji.nl.go.kr)와
국가자료공동목록시스템(http://www.nl.go.kr/kolisnet)에서
이용하실 수 있습니다. (CIP제어번호 : CIP2015016231)

- 들어가는 말

- 누구나 자기만의 동굴이 필요하다

주택 디자인 작업을 하다보면 많은 사람들을 만난다. 항상 시간에 쫓기며 일을 하지만, 그 만남 속에서 영감을 얻는다. 첫 번째 책을 선보인 이후, 못다 한 이야기들을 아쉬워하며 틈틈히 두 번째 책을 구상해 왔다.

전작 『땅을 읽고 집을 짓다』가 부지에 대응하는 집의 모습에 관한 이야기였다면, 이번 책은 자연스레 내부 공간의 성격에 대한 것으로 주제가 잡혔다. 최근 나를 찾아오는 많은 예비 건축주들에게서 '집에 맞춰 삶을 바꾸고 싶다'는 인상을 크게 받았기 때문이다. 그 시대 사람들이 관심을 갖는 주제에 대해 '관계 전문가의 경험'을 들려주는 형식으로 시리즈를 만들고자 했기에 첫 책은 땅, 두 번째 책은 '개인화'에 초점이 맞추어졌다.

실제로 내가 디자인 의뢰를 받을 때마다 건축주에게 항상 강조하는 것이 '프라이버시'이다. 집은 외부로부터 나와 내 가족을 보호하는 기능적 역할이 먼저다. 그렇기 때문에 몇 번을 강조해도 모자란 것이 프라이버시다. 최근에는 더 나아가 주택 내부에서 가족 구성원 간의 프라이버시 역시 중요해지고 있다. 이들을 아지트 주택, 즉 프라이빗한 단독주택에서 좀 더 나아간 개념으로 정의할 수 있겠다.

아지트 주택은 단순히 외관이나 인테리어를 개성있게 디자인하는 것을 넘어 철저하게 가족만의, 또는 자신만의 아지트를 가진 집이다. 어머니의 자궁 속처럼 최대한 포근한 공간, 가족과 함께 살지만 그 안에서도 방해받지 않는 공간을 의미할 수도 있다. 단, 무조건 다른 공간과 격리되어 폐쇄적일 필요는 없다. 일례로 제주 노형동 주택의 건축주는 자신만의 공간으로 노출형 주방을 주문하고는, 주방에서 집안 곳곳을 바라볼 수 있는 배치를 원했다. 결국 주방은 집안 전체를 진두지휘하는 사령탑 같은 포지션에 위치했다. 상당히 노출된 공간이지만, 건축주의 의도는 최대한 잘 반영되어 만들어졌기에 그 주방은 안주인의 아지트라 할 수 있다.

이처럼 아지트 주택은 아파트처럼 방의 주인이나 용도를 명확히 결정하기보다 자유롭게 출발하고 끊임없이 상상하며 디자인하는 게 더 맞을 것이다.

앞으로 이 땅에도 일본에서 유행하는 '오타쿠 주택' 스타일이 많아질 것 같다. 하지만 모든 것은 돌고 도는 것. 극단으로 치닫는 듯해도 어느 순간 적정선을 찾게 되듯이, 지나친 개인화는 다시 가족간 소통의 중요성으로 돌아올 것이다. 최근 일본에서도 '빈집 리모델링'과 '2세대 주택'이 뜨고 있다. 매해 자연 재해가 늘고 고독사 하는 노인이 많아지고, 사회 안전망도 한계가 있다보니 '2세대가 모여 사는 집'이 트렌드가 된 것이다. 물론 그들 특성상 각 가구마다 프라이버시는 철저히 구분하고 있다. 1인 가구들이 모여 사는 쉐어하우스도 '공유'와 '소통'의 건축으로 볼 수 있다. 이제 무엇이 주된 트렌드라 할 수 없을 만큼 다양한 형태의 주거 양식이 저마다의 길로 발전하고 있다.

우리는 그 길 한가운데 서서 손을 내밀 뿐이다.

- 2015년 여름 입구, 광화문에서
  홈스타일토토 임병훈

나만의
아지트
주택 짓기

Homestyletoto
House Design Book
vol.2

마당에서 캠핑하고 다락방에서 별 보는
드림하우스를 꿈꾸다

- 목차

홈스타일토토가
디자인한
:
8채의 아지트 주택

AGIT HOUSE CASE 01

p006

- 아빠와 아들의 취미 공간을 별도로 가진 집
- 화성 봉가리 주택

AGIT HOUSE CASE 02

p020

- 주방은 사령탑, 조망과 주차장은 덤
- 제주 노형동 주택

AGIT HOUSE CASE 03

p036

- 우리는 집이 놀이터에요!
- 통영 평림동 주택

AGIT HOUSE CASE 04

p054

- 숨바꼭질하며 노는 섹션하우스
- 남원 금지면 주택

AGIT HOUSE CASE 05

p070

- 풍수지리로 좋은 집터, 그 자체가 아지트
- 상주 은척면 주택

AGIT HOUSE CASE 06

p082

- 도로를 등지고 집을 앉히다
- 대전 죽동 주택

AGIT HOUSE CASE 07

p096

- 스스로를 둘러싼 집, 수직으로 쌓아올리다
- 부여 가탑리 주택

AGIT HOUSE CASE 08

p108

- 주방 중심의 입체적 실내 공간
- 춘천 만천리 주택

AGIT HOUSE CASE 01

가족 구성원

어머니 + 부부 + 아들 1

아빠와 아들의 취미 공간을 별도로 가진 집

화성 봉가리 주택

: 디자인 요구 조건

어머니가 정정하실 때 마당 있는 집에서 모시고 싶고
아들이 조금이라도 어릴 때 함께 호흡할 수 있는
특별한 공간을 만들고 싶다.

본채와 떨어진 별채를 지어서
그곳을 악기 연주를 하는 취미 공간으로 삼고,
대신 본채 식구들에게 피해가 덜 가도록
동선도 따로, 공간도 따로 만들었으면 한다.

그 외에는 건축가가 자유로운 디자인을 펼쳤으면 좋겠다.

AGIT POINT

화성 주택의 아지트 포인트는 아빠와 아들이 함께 음악 작업을 하는 방, 바로 별채 작업실이다. 현관도, 화장실도 따로 있는 완벽한 별채이지만 실제로는 다용도실 옆의 문을 열면 본채와 한 덩어리로 연결된다.

아지트주택 | 화성 봉가리 주택

화성 주택의 대지는 대로변에서 조금만 들어가면 시골 내음이 나는 고즈넉한 곳에 위치한다. 교통 여건이 좋아서 조금 막히는 시간대라도 서울까지 채 한 시간이 걸리지 않는다. 소위 '수도권 시골'에 있는 이 땅. 건축주는 단독주택을 진작 지었어야 하는데 어머니 연세나 점점 커 가는 아들 나이를 생각하면 조금 늦은 감이 있다며 서둘렀다.

땅은 140평 가량인데, 도로로 내주어야 하는 부분이 있어 실제 가용 면적은 얼마 되지 않았다. 주변 경사면으로 석축까지 쌓다보면 시골땅 100평이라는 게 그리 넓지는 않은 면적이다. 게다가 좌우, 아래쪽으로 3면이 도로로 둘러싸여 있고, 뒤편으로는 농사를 짓는 야트막한 땅이라 프라이버시 보호가 쉽지 않았다.

건축주는 처음에 정면에 마당을 두고 집이 갈매기처럼 날개가 펼쳐진 모습을 원했으나 땅의 형태상 여유 있는 길이가 나오지 않고, 정면에서 너무 잘 들여다보이는 위치 때문에 조금 다른 제안을 했다. 'ㄱ'자 내지는 'ㄴ'자로 꺾어서 독립성을 보장받을 수 있는 디자인으로 가닥을 잡았다. 여느 중정형 주택처럼 마당 면적을 여유롭게 확보할 순 없었지만, 조금 좁더라도 아늑하고 오목한 형태로 중정을 마련해 건축주는 상당히 흡족해 했다. 집을 짓고 난 이후에는 정면 쪽 마당 면적을 희생하더라도 중정을 더 늘릴 걸 아쉬워하기도 했으니, 역시 집에서 살다보면 프라이버시가 가장 중요한 요소인 것이 틀림없다.

넓찍한 마당보다는 작더라도 제대로 보호받고 잘 꾸며진, 실내 공간과 긴밀히 연결된 마당이 단독주택의 진수일 것이다. 크게 짓기보다 마당 공간과의 재미난 연계에 더 신경을 쓴다면 집은 실제 규모에 비해 커 보이는 효과를 얻고, 더 실용적으로 쓸 수 있을 것이다.

중정형 주택의 마당 배치

화성 주택은 'ㄷ'자형 중정형 평면을 가진 주택으로 디자인하였다. 중정형 주택의 몇가지 특징이 있다. 첫째, 집이 면적 대비 커 보인다. 가늘고 길게 펼쳐져 있는 모양새로 표면적이 넓은 스타일이다보니 어찌보면 당연한 결과다. 둘째, 우리 집에서 우리 집이 보인다. 실내 공간에서 밖을 내다볼 때 우리 집 일부가 보이는 건 거주자로 하여금 묘한 안도감을 준다. 바깥 세상에 직접 드러나지 않고 내 세상에 속해 있다는 느낌일 것이다. 셋째, 마당을 알차게 이용할 수 있다. 운동장처럼 넓은 마당이 아니더라도 성격별로 쓰임새를 달리 할 수 있고 굉장히 프라이빗한 가족만의 공간을 갖게 된다. 특히 실내에서 바로 연결되는 동선이라 활용도가 높다. 단점이 있다면 집의 표면적이 늘어나 공사비가 증가할 수 있다.

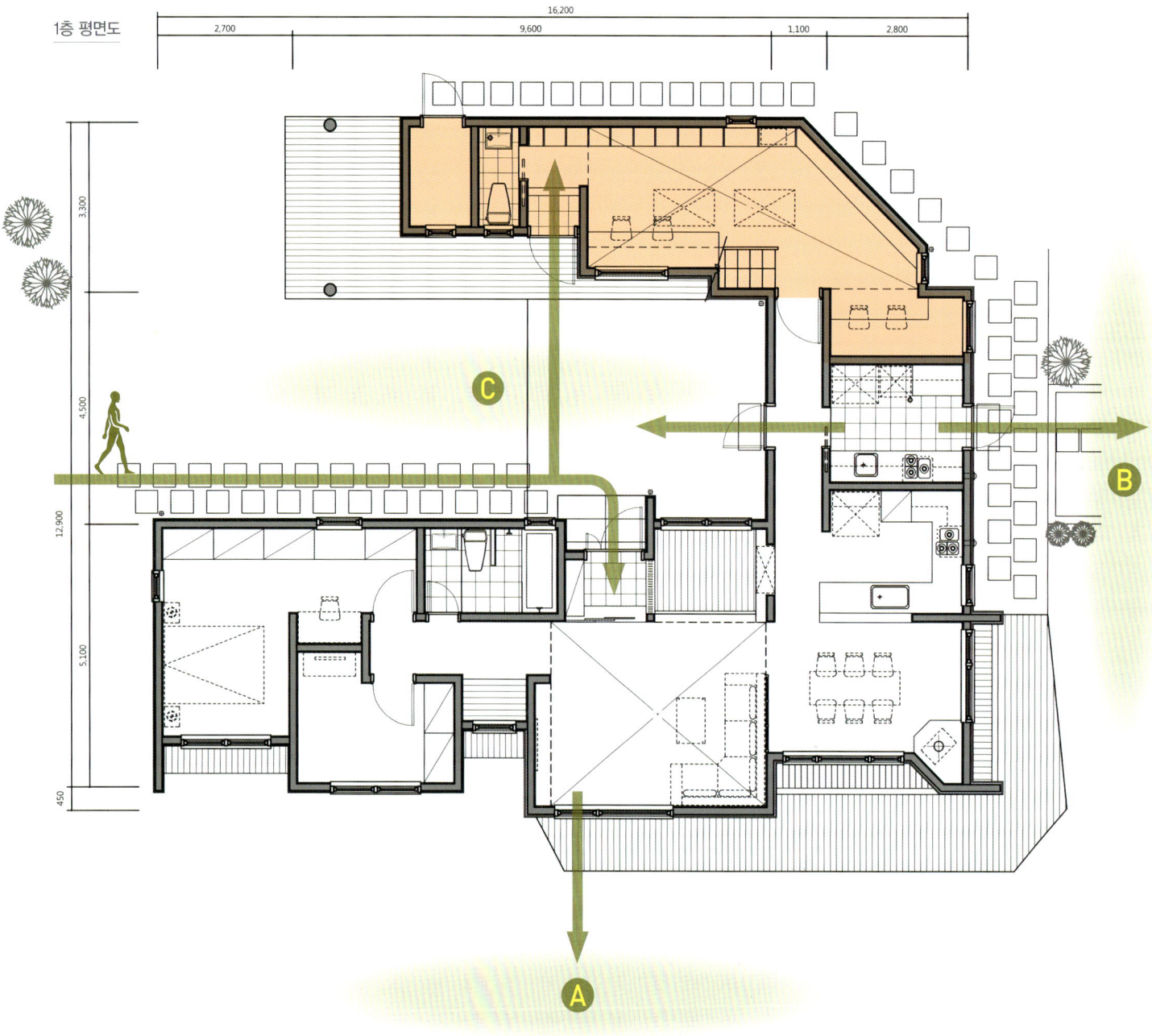

A 전면 마당
깔끔한 잔디마당으로 구성해 집을 더욱 돋보이게 하는 배경을 만들었다.

건축주가 해외 사이트를 통해 직접 구매한 플라스틱 인공연못. Ubbink-Lobelia SV 제품으로 용량은 3.35㎡, 1,250ℓ (www.outsideliving.com)

B 뒷마당
인공 연못과 각종 유실수, 텃밭이 함께 있는 정원. 건축주가 가장 정성스레 가꾸는 곳이다.

C 중정
주방과 가까운 곳으로 복도에서 인입이 가능하다. 바비큐 파티를 하거나 소모임을 여는 등 가족만의 프라이빗한 생활을 즐길 수 있는 개성 있는 공간이다.

개성 있는 내부 공간

어머니방

부부 침실

실내는 화이트를 기본 베이스로 하고
각각의 공간에 사용자가 선택한 컬러로 페인팅했다.
(벤자민 무어 친환경페인트, 선택 컬러는 아래)

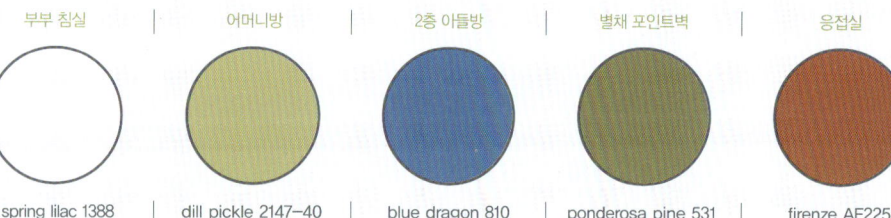

부부 침실	어머니방	2층 아들방	별채 포인트벽	응접실
spring lilac 1388	dill pickle 2147-40	blue dragon 810	ponderosa pine 531	firenze AF225

단면도 1

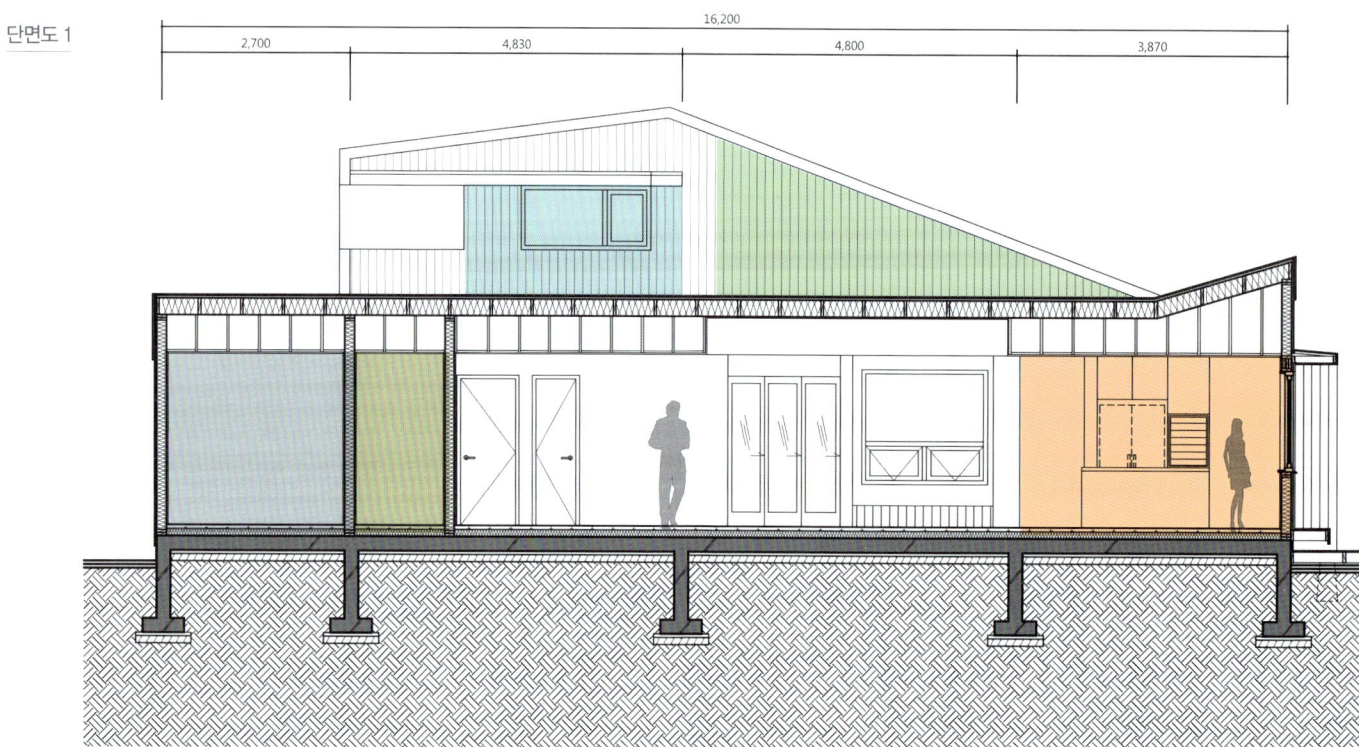

아지트주택 | 화성 봉가리 주택

응접실과 거실. 입식 테이블과 좌식 평상을 오가며 적절히 활용한다. 추운 겨울에는 유리 파티션을 닫아놓고 주로 응접실에서 머물며 담소를 나눈다. 어쩌면 사람과 음식이 있는 공간은 응접실까지로 한정하고, 거실 너머의 공간까지만 강아지들에게 허용하려고 이리되었는지 모르겠다.

건축주의 배려로 마련된 복도 툇마루 밑의 강아지집. 강아지집은 모름지기 마루 밑이 제격이다.

거실 평상 위에 앉아 어항 속에 노니는 물고기를 바라본다. 싫증이 날 때면 창을 통해 좌우로 앞마당과 중정을 모두 둘러볼 수 있다. 평상 하부에는 꽤 많은 양의 물건을 수납할 수 있다.

주방은 이 집에서 시선이나 동선이 가장 많이 모이는 곳이다. 남향 볕을 받으며 중정도 바로 이용할 수 있는 양면적인 조건이 화성 주택 거실과 주방의 특징이다. 깊숙한 복도의 끝자락에 남자들만의 별채 공간이 살며시 보인다.

별채 작업실

1
주방과 거실 통로 | 행거도어
레일과 브라켓과 행거로울러, 스토퍼로 구성된 행거레일세트를 구입해 응접실 중문을 제작해 달았다.

2
작업실 바닥 | 디자인마루
작업실은 본채보다 좀더 개성 있는 공간을 만들고자 바닥재로 구정마루 '아트맥시강-차콜'을 택했다.

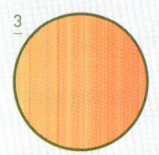
3
실내도어 | 래핑
실내도어는 LG 인테리어 필름 '스트라이프 퍼즐 EL091레드'를 선택하여 깔끔하게 마감하였다.

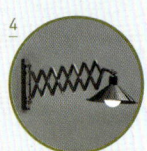
4
서재 벽등 | 자바라벽등
메가룩스 '갓 자바라벽등' 제품으로, 사용할 위치에 맞춰 움직일 수 있는 조명으로 골랐다.

AGIT POINT

별채는 본채와 개념적으로는 한 집이지만, 각각의 공간에 있을 때는 다른 곳에 와 있는 느낌을 주고 싶었다. 건축주의 작업실은 본채와 이어지지만, 본채 마루와 다른 소재로 깔고 천장의 높이를 달리해 공간감을 새롭게 했으며, 밖에서 잘 들여다보이지 않게 디자인하였다. 이전 집 창고방에서 뒹굴던 피규어, 책, 악기들을 깔끔하게 정리, 수납하고도 여유로운 공간이 되었다.

> 별채는 1층 건축주의 작업실과 2층 아들방으로 구성된 남자들만의 공간이다. 물론 가족의 소통을 위해 내부적으로 연결된 동선도 있고, 외부 손님들을 위한 별도의 현관도 마련되어 있다. 주변 이웃집이 대부분 단층이어서 2층 테라스는 제법 멋진 조망을 선사한다.

> 계단 아래 테이블에서는 본채의 현관이 마주 보인다. 남향이 본채에 막혀서 볕이 잘 들지 않을 것 같지만 창을 통해 제법 밝은 빛이 감돈다.

단면도 2

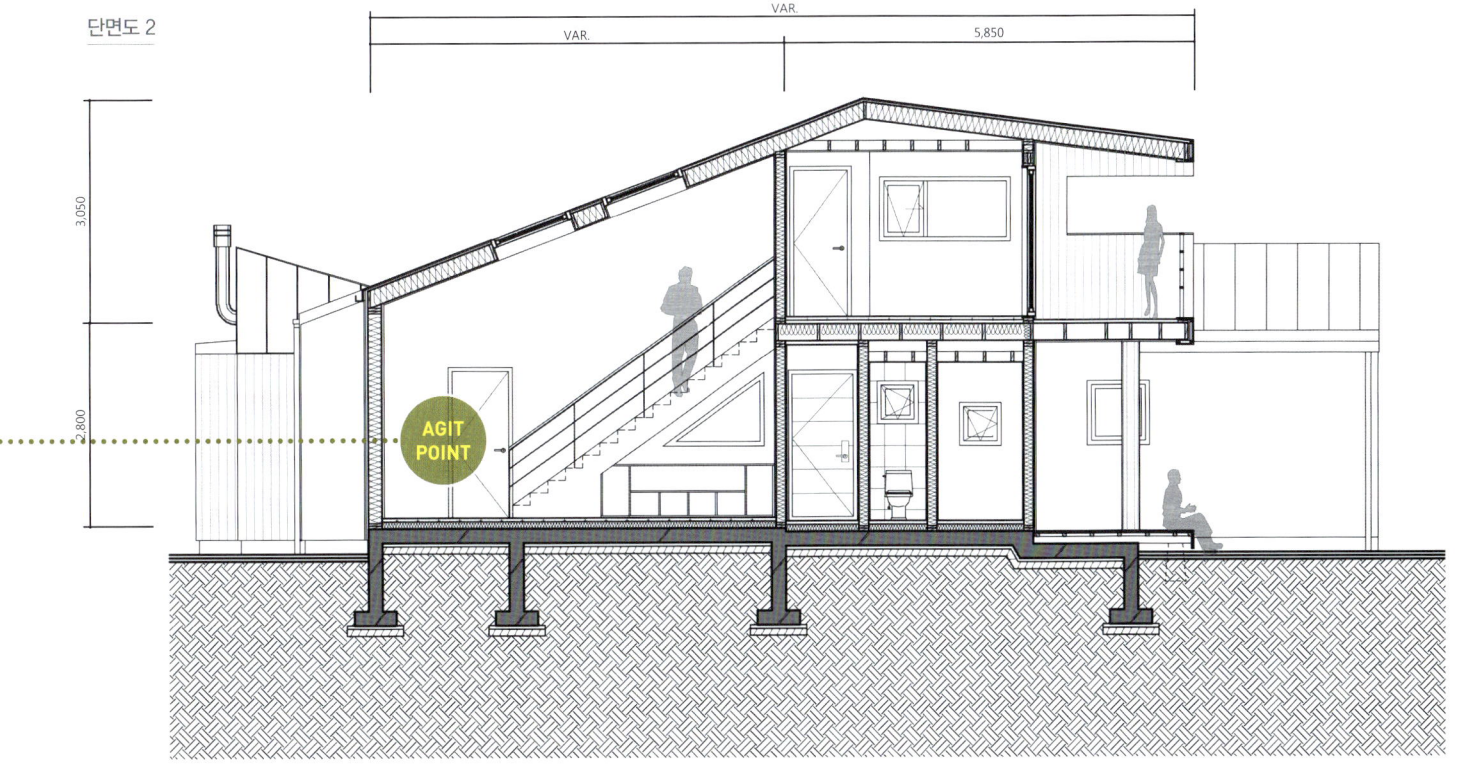

단면이 입체적인 집

보강토 옹벽으로 경계를 두르고 주차 공간은 확실하게 구분했다. 외부에 쓸 자재나 기구 등은 별도 수납함을 두어 깔끔하게 정리한다.

별채 구석에 건축주가 전용으로 사용하는 좌식 툇마루를 두었다. 이곳에서 직접 꾸민 뒷마당의 꽃나무를 바라보며 휴식을 취하고, 누구의 방해도 받지 않고 책을 읽는다. 평상 마루는 건축주가 어렵게 구한 고재로 제작해 손으로 쓰다듬는 맛이 그만이다.

단면도 3

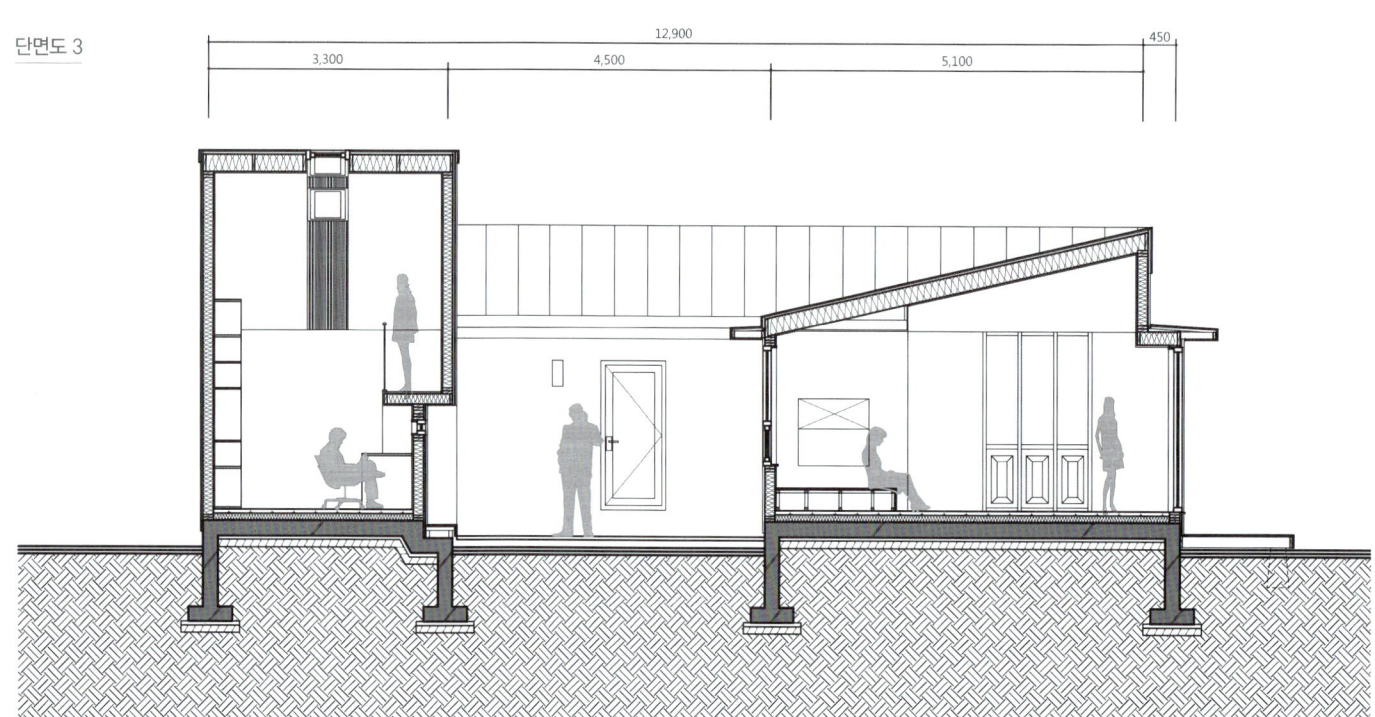

단면이 입체적인 집은 내부 공간이 풍요롭고, 입체적인 재미가 있는 집은 사람을 움직이게 만든다. 자신만의 공간이 생긴 건축주는 이 집에서 인생 2막을 꿈꾼다. 특별한 무대가 별 것 있는가. 지금 당장 몸 풀고 앉아 마음껏 기타를 퉁기는 이곳이 무대다.

건축 개요

대지위치 경기도 화성시 송산면 봉가리 | **대지면적** 469㎡(142.12평) | **건물 용도** 단독주택 | **건물규모** 1층 121.04㎡(36.67평) + 2층 14.77㎡(4.47평) | **구조** 경량목구조 | **창호재** 엔썸 독일식 시스템창호(39mm 3중유리) | **단열재** R19 그라스울 + 50mm 비드법 단열재 | **외벽마감재** 아연도컬러강판, 스터코플렉스 | **내벽마감재** 벽 – 석고보드 위 친환경 도장(벤자민 무어) / 바닥 – 구정 강마루 | **지붕재** 0.5mm 아연도컬러강판 | **디자인** 홈스타일토토(임병훈 + 정신애 + 안영선) | **시공** 가드림(김용태) | **디자인 기간** 2014.01 ~ 2014.04 | **시공 기간** 2014.06 ~ 2014.09

임소장's tip

무조건적인
공사비 네고는 금물
:
하자는 건축주에게
돌아온다

공사비를 깎지 말라니 무슨 소리인가 할 것이다. 흥정은 원래 있어야 하고 에누리를 정(情)이라고 보는 사회에서 말이다. 서로가 합의하는 적정선에서 공사비가 책정되는 것은 당연한 일이지만, 내용을 보지도 않고 무조건 깎으려만 드는 건축주들에게 하는 이야기다.

요즘 공사비는 많이 투명해졌다. 시공자들의 견적서가 자세히 작성되고 도면들도 점차 충실해 지고 있어. 얼마든지 비교분석이 가능할 정도가 되었다. 그래서 집짓기를 할 때 문제는 공사비보다 엉뚱한 데서 생긴다. 최종 견적이 나오면 으레 깎으려 드는 건축주, 방어 자세를 취하는 시공자들의 기 싸움이 그것이다.

"네고 좀 해 주세요."

마치 관용어처럼 쓰이는 이 말은 결국 집의 품질을 저하시킨다. 원래대로 해야 할 공정을 약식으로 가게 되면 전체적인 집의 퀄리티는 낮아지게 된다. 요즘 시공 현장은 예전에 비해 마진율이 높지 않다. 건축주가 네고를 완고하게 요구할 경우, 시공자는 할 수 없이 자신의 마진을 조금 줄이되, 거기에 그치지 않고 집의 품질도 낮추기 마련이다.

문제는 여기서 시작된다. 이때부터 도면은 '있으나마나'한 경우가 되어 버리기 쉽다. 원래 견적이 3억원이었는데, 자재 수준을 낮추지 않고 그냥저냥 2억5천만원에 공사하기로 계약했다면 그 현장은 하자가 나기 쉽다. 5천만원이 어디로 가겠는가.

<u>공사비를 낮추고 싶으면 견적서 사항에서, 즉 자재나 시방에서 뺄 것을 정당하게 빼면서 시공비 다운을 요청해야 합리적인 것이다.</u> 그러나 대부분의 건축주들은 '시공자 양보'에 전적으로 매달리니, 안타까운 현실이다. 간혹 설계자 측에 별 말이 없었는데 갑자기 시공비가 다운된 현장에는 꼭 경고 메시지를 보낸다. 비용이 삭감된 데는 숨겨진 이유가 있을 테니, 시공자 측에 꼭 확인을 부탁한다. 어떤 부분들이 다운그레이드 되었는지 건축주도 알고 가야 한다. 원래 견적서가 뻥튀기가 아니었다면 최종 견적 금액이 고무줄처럼 움직일 리는 없기 때문이다.

견적 금액을 조정하고 싶을 땐, 무조건적인 가격 다운을 요청하기보다 각 항목별로 설계자와 시공자의 조언을 들어 자재 수준을 다운하거나 불필요하거나 욕심이었다 싶은 부분을 도려내야 한다. 어떤 부분이 조정되어 금액이 다운된 것이라고 근거가 남게 되니 서로 안심할 수 있다. 전체 공사비가 줄어들면 시공사 마진도 그만큼 줄게 되는 것이다. 서로에 대한 이해에서 출발하면 얼굴 붉힐 일이 없다.

AGIT HOUSE CASE 02

가족 구성원
부부 + 아들 1

주방은 사령탑, 조망과 주차장은 덤
제주 노형동 주택

: 디자인 요구 조건

경사진 대지 조건을 잘 활용한 지하 주차장을 바란다.
단, 차를 대고 지상 현관으로 진입하는 과정이 힘들지 않았으면 한다.
집의 높이를 올려 북쪽 바다와 남쪽 한라산을
동시에 볼 수 있다면 금상첨화!

실내 구조는 엄마가 집안일을 하며 아들 공부를 봐 줄 수 있는,
즉 집안 내부를 잘 관찰할 수 있는 위치에 주방이 있었으면 좋겠다.

AGIT POINT

노형동 주택의 아지트 포인트는 두 곳으로, 그 중 하나가 1층 주방이다. 주방 좌측에 좌식으로 생활하는 응접실이 있고, 정면에는 다이닝테이블이, 우측으로 피아노가 있는 서재가 보인다.

건축 개요

대지위치 제주특별자치도 제주시 노형동 | **대지면적** 346㎡(104.84평) | **건물용도** 단독주택 | **건물규모** 지하층 58.80㎡(17.81평) + 1층 78.26㎡(23.71평) + 2층 42.46㎡(12.86평) = 179.52㎡(54.4평) | **구조** 지하 철근콘크리트 + 지상 경량목구조 | **창호재** 독일식 시스템창호 24㎜ 2중유리(엔썸) | **단열재** R21 그라스울 | **외벽마감재** 오메가플렉스 | **내벽마감재** 벽 – 석고보드 위 합지벽지 / 바닥 – 강마루 | **지붕재** 0.7㎜ 알루미늄컬러강판 | **디자인** 홈스타일토토(임병훈 + 정신애 + 안영선) | **시공** 대한이앤씨 | **디자인기간** 2013.11 ~ 2014.01 | **시공기간** 2014.04 ~ 2014.08

노형동 주택은 3년 전 지어진 제주 유수암 주택의 건축주 소개로 연이 닿았다. 원래 서로 아는 사이는 아니었고, 노형동 건축주가 유수암 주택을 구경 갔다가 안면을 튼 것으로 안다. 자세한 뒷이야기는 잘 기억이 나지 않지만, 유수암 건축주가 설계와 시공을 모두 흡족해한 터라 첫 단추가 매끄럽게 진행되었다.

노형동 주택은 다소 과감한 디자인이었음에도 불구하고 건축주가 설계 초안을 굉장히 마음에 들어 했고(사실 이렇게 지어도 되나, 하고 마음속으로는 놀랐을 수도 있다). 모든 부분에서 디자이너의 의견을 매우 존중해 주었다.

안주인이 집에서 가장 중요하게 여겼던 바가 두 가지 있는데, 일단은 내부구조에 있어서 주부와 다른 가족(특히 아들)과의 관계였다. 이는 주방을 중심에 두어 풀기로 했다. 또 하나는 지하 주차장으로 인해 생겨나는 주차장부터 현관까지의 동선 처리다. 불가피하게 답차가 나더라도 장바구니 카트는 끌고 다닐 수 있는 정도를 요청하였다. 이 두 가지 안을 기본으로 나머지는 다소 자유롭게 디자인했던 기억이다.

제주도 공사는 거리가 먼 것을 떠나 육지 공사와 다른 무언가가 있다. 일단 삽자루가 꽂아지면 시공사에 많은 부분을 의지해야 한다. 이래저래 애써준 시공사와 크고 작은 트러블을 잘 참고 견뎌준 건축주 내외에게 감사하다.

내가 자주하는 말이 있다.

"집은 우얏든 지어진다."

이 집도 결국 지어졌다.

자재 리스트

1 지붕재
0.7㎜ 연회색 알루미늄 강판(로자산업)

제주처럼 바다가 가까워 늘 다습하고 염해가 걱정되는 곳은 지붕강판재로 알루미늄 제품을 사용하는 것이 좋다.

2 외벽재
외단열 도료 도장 (오메가플렉스)

수입 스터코 제품 중에서 스터코플렉스와 쌍벽을 이루고 있는 오메가플렉스를 외부 도장으로 선택하였다.

3 창호
독일식 시스템창호 (엔썸로이복층유리 24㎜)

독일 캐머링(KOMMERLING)社의 프로파일을 사용하는 엔썸 시스템창호를 적용했다. 프레임은 외부는 강판색과 어울리게 진회색 래핑컬러, 내부는 오크 래핑컬러로 주문했다.

처마를 올려다 본 모습이 여러 겹이 겹쳐진 산봉우리 같은 느낌을 준다.

특별한 고급마감재를 쓰지 않고도 흡입력 있고 웅장한 현관 게이트가 만들어졌다

강렬한 오렌지색 박스는 마을에서 이 집을 상징해 부르는 아이콘이 되고 있다.

북쪽 바다 조망

• 경사지를 활용한 개러지하우스의 면모

다양한 야경 모습

"제주의 매력적인 풍광 속에
자리한 노형동 주택의 야경들"

내부 동선과 조망

1층 평면도

현관 및 창고공간

게스트룸 공간

AGIT POINT

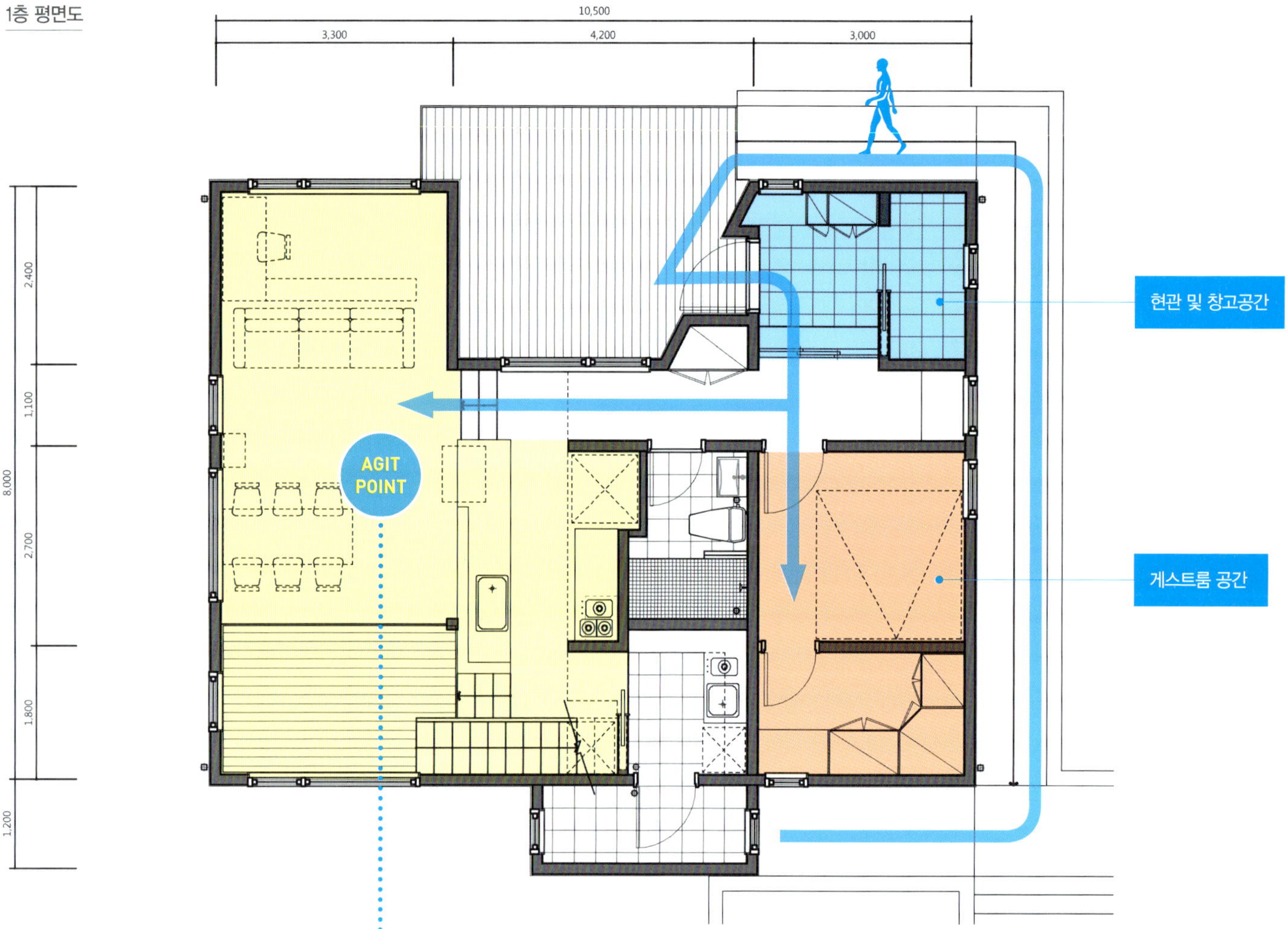

AGIT POINT 1
노출된 기둥과 보가 연결된 듯 구분지어진 각 공간을 재미나게 관통한다.

창고가 연결된 현관

건축주는 탁 트이고 밝은 현관을 원했다. 직설적으로 밝은 색의 마감재를 사용하기 보다는 자작나무 판재로 수납장을 제작해 따스한 분위기로 연출했다. 현관에는 널찍한 창고를 바로 연결해 바깥 살림들을 쉽고 깔끔하게 보관할 수 있다.

AGIT POINT 2

2층 부부침실에 오목하게 들어가는 공간에는 조금 어두운 포인트 벽지를 발라 자그마한 기도실을 만들었다. 쪽창을 통해 처마 너머 남쪽을 바라보면 날씨가 좋을 때는 한라산이 눈에 들어온다. 제주에서는 한라산이 보이는 집에 프리미엄이 붙는다고 한다.

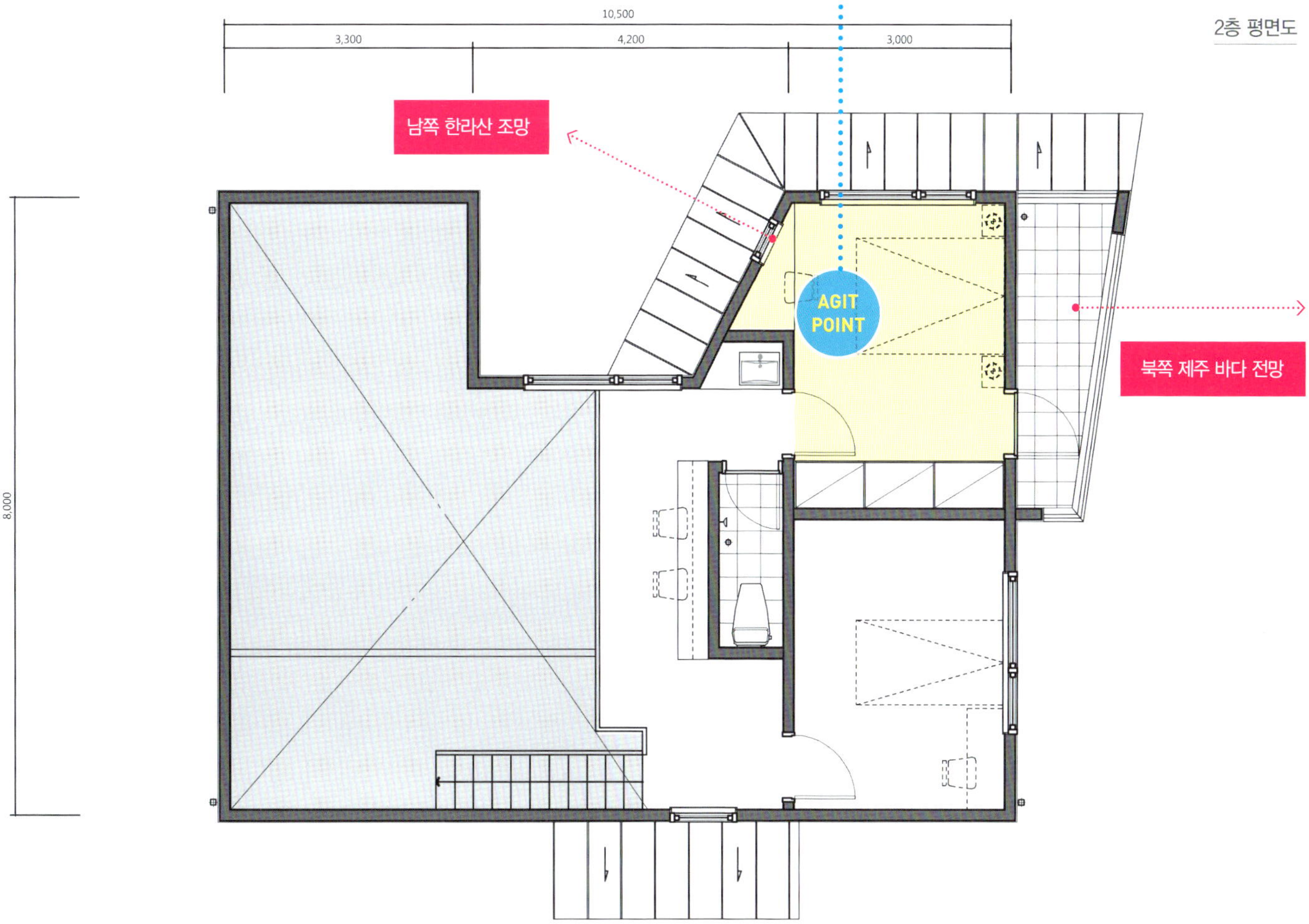

2층 평면도

단면과 시공 요소

지붕 시공

- T0.7 알루미늄지붕강판
- 환기이격재
- 방수시트
- 7/16″ OSB합판
- 30×30 방부목 각재 세로방향
- 타이벡 Supro
- 2×10 서까래

외부
내부

- R30 그라스울단열재
- Dupont Airguard 방습지
- T12.5 석고보드

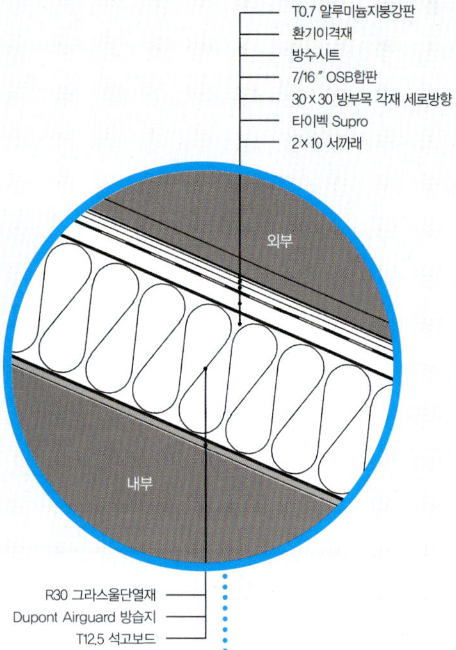

오픈 천장의 웜루프 시공

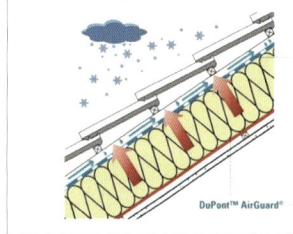
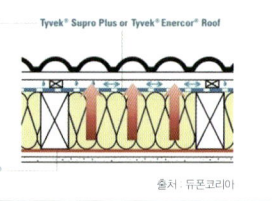

출처 : 듀폰코리아

지붕 하부는 기밀층(가변형투습기밀층)을, 단열재 상부는 투습방수지를 시공해 단열재에 습기가 쌓이는 것을 막아 쾌적한 지붕 시스템을 형성할 수 있다. 단열재가 그라스울 등 건식일 때는 이러한 디테일로 시공해야 내구성에 도움이 된다.

단면도

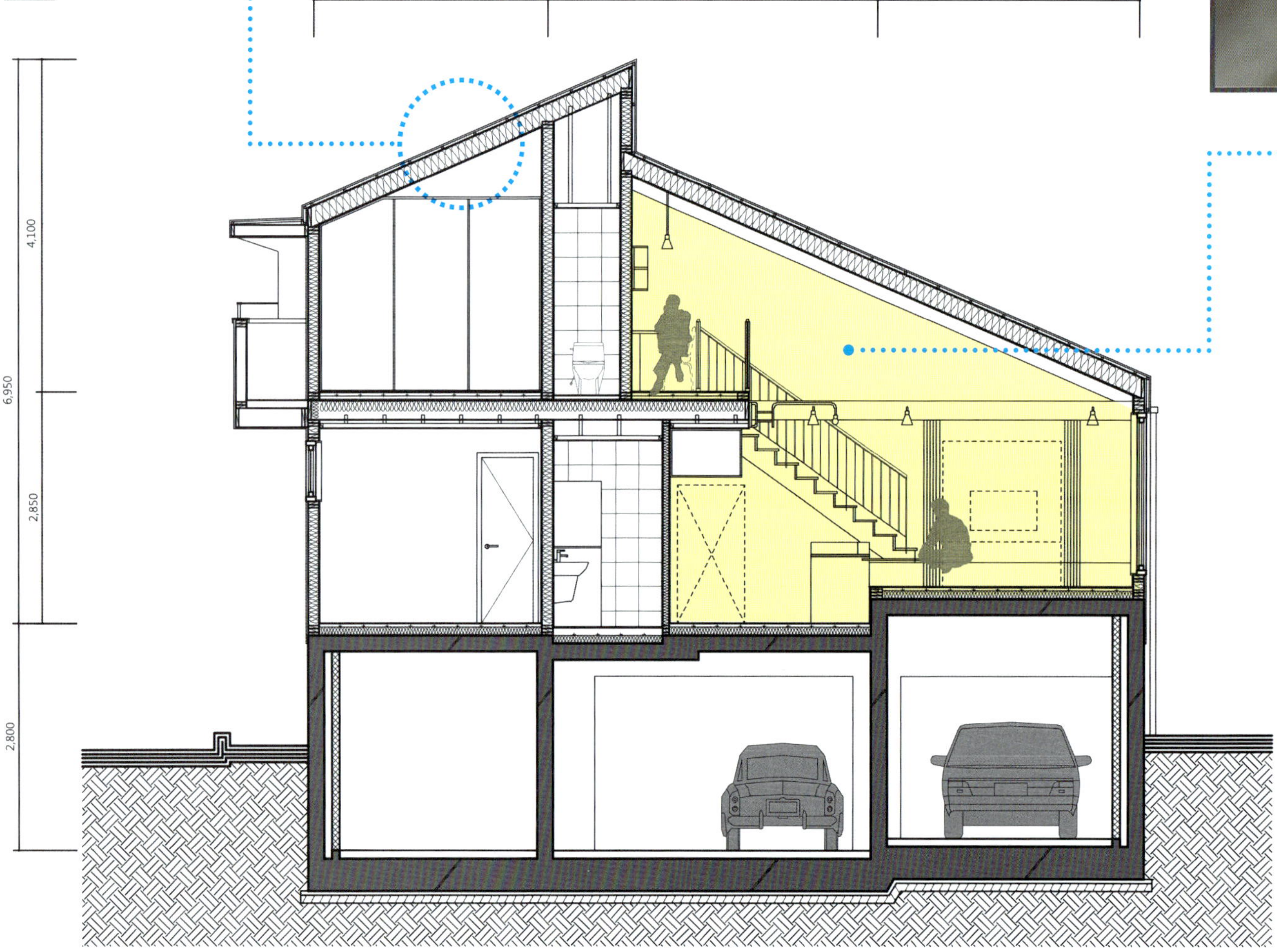

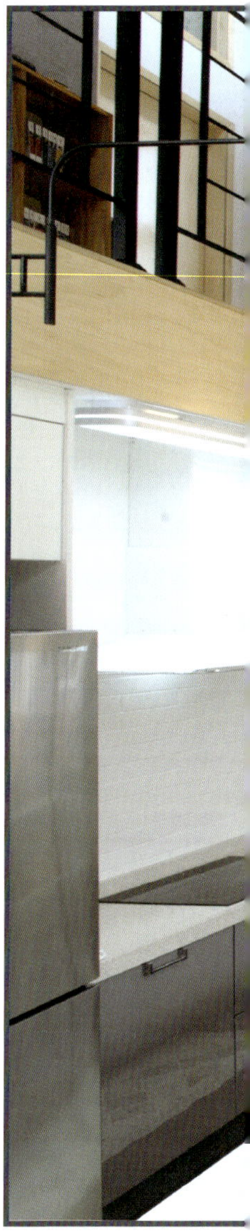

주방가구를 제작할 때 아일랜드 테이블에 붙여진 간이 테이블을 주문했다. 여기에 거실 중심의 4인 식탁, 계단 옆의 좌식 평상으로 앉아서 하는 여러 행동들을 적절히 가능케 했다.

주방에서는 시선이 마당까지 바로 이어져 개방감이 있다.

주방가구를 제작할 때 아일랜드 테이블에 붙여진 간이 테이블을 주문했다. 여기에 거실 중심의 4인 식탁, 계단 옆의 좌식 평상으로 앉아서 하는 여러 행동들을 적절히 가능케 했다.

주요 시공 포인트

- 제주의 높은 습도와 풍압을 고려하면 일반적인 외단열시스템은 적절치 않아서 CRC보드 위에 스터코로 미장하는 방법을 택했다.

- 외단열이 없는 대신 중단열재인 그라스울의 밀도를 높이기로 했다. 일반적인 R19에서 R21 제품으로 높여 시공했다.

- 바람이 세게 부는 제주라는 입지 조건상 풍압에 의한 전단력(면을 따라 평행되게 작용하는 힘) 보강이 필요하다고 판단되는 부분에는 실내에 OSB합판을 한겹 더 시공하였다.

2층 화장실 방수 시공

비노출 우레탄방수 시공 후 시트방수를 하며 코너와 각 이음새 부분을 메꿈 처리해 빈틈없이 시공한다. 양생 후 보호모르타르를 얹고 타일 시공하였다.

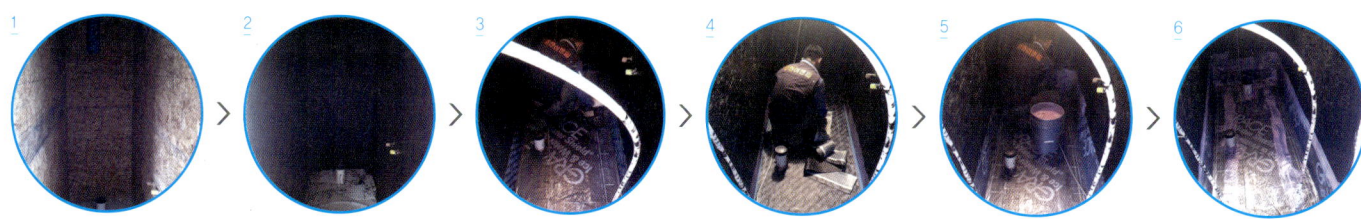

자작나무 패널 부위

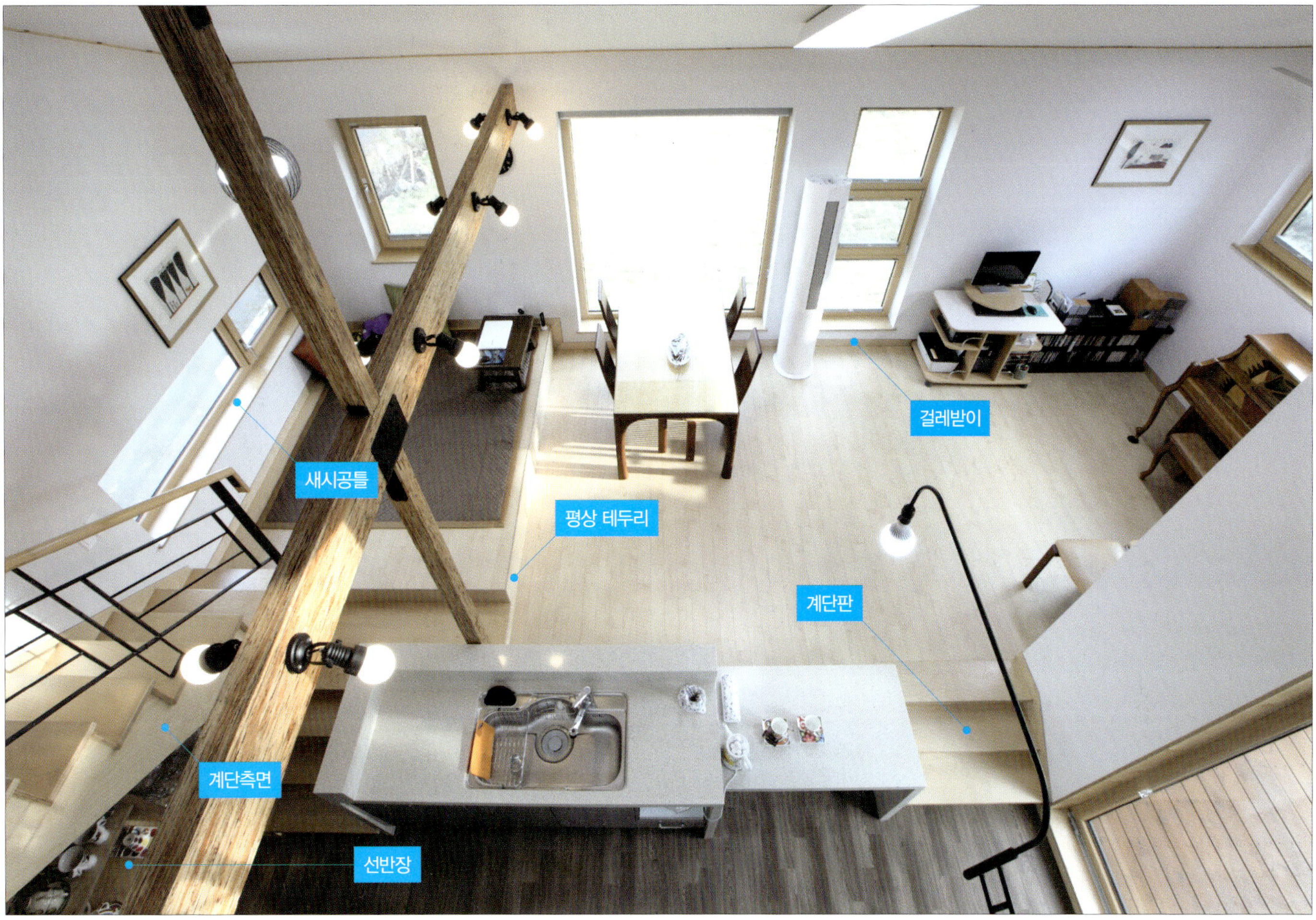

실내 자작나무 제작 부위들

실내 인테리어 목재는 자작나무로 선정했다. 시공사가 가장 잘 다루는 수종이기도 했다.
도어는 4mm(4면), 걸레받이는 9mm, 가구문짝과 공틀은 18mm, 계단판은 24mm의 자작나무합판을 사용하였다.

평상 테두리

세면대 하부장

새시 주변 공틀

계단 밑 선반장

문틀

문짝

임소장's tip

건축주와 시공자의
동상이몽

:

결국 상호신뢰의
문제이다

건축주들은 집짓기에 앞서 '시공자를 잘못 만나면 큰일이다'라는 인식을 먼저 한다. 이런 사실은 시공업계에서 먼저 반성할 일이다. 다른 업체에 대한 비난이 일상화되어 있고, 실제 함량미달인 시공자가 건축주에게 큰 피해를 입히는 경우도 주변에서 어렵지 않게 본다.

결국 '내가 알아야 화를 면할 수 있다'는 생각에 직접 공부에 나서는 건축주들이 많아졌다. 그들 대부분은 인터넷 정보로 무장하고 나타난다.

개인 주택은 대형건축물과는 달리 예산 자체가 크지 않다. 초기에 어느 정도 건축주의 예산을 청취해서 대강의 바운더리를 정해놓은 후, 그 테두리 안에서 최대한의 역량을 발휘하려는 쪽으로 일을 해야 한다. 그러나 많은 건축주들이 동네 집장사들이 부르는 건축비로 퀄리티 높은 수준의 디자인을 요구한다. 평당 4백만원 수준의 예산으로 평당 6백만원 수준의 주택을 갖고 싶은 것이다. 우리는 엉뚱하게도 그 간극을 메우며 논쟁하는 데 많은 시간을 허비한다.

이처럼 디자인 과정에서의 갑론을박은 차치하고, 시공자와 건축주간에 벌어지는 문제는 좀 다른 곳에 있다.

첫째는 무엇이 견적에 포함되고 포함되지 않는지 계약 시 명확히 하지 않는 경우가 많다. 시공자는 처음에 결정하기 애매한 각종 인입비나 건물 외부의 문제, 나중에 만들어질 가구들의 문제 등은 재껴 놓고 견적을 낸다. 그에 반해 건축주는 대부분의 비용이 그 안에 녹아들어가 있다고 생각을 한다. 이 부분은 계약 전, 상호간에 꼼꼼히 짚을 일이다.

두 번째로는 첫 견적에서 가격이 비싸다고 느껴서 두 번째, 세 번째 거듭하여 견적을 조정하는 경우, 견적 액수가 변동되면서 어떤 항목이 빠지거나 줄어들고 어떤 항목이 추가되는지 모호해질 경우 문제가 생긴다. 첫 견적과 최종 조정 견적을 두고 잘 대조하면서 상호 간에 챙겨야 갈등을 피할 수 있다.

세 번째로는 공사과정에서 추가 부분이 발생하는 경우이다. 시공자가 시공 중에 견적에는 포함된 것이 아니었으나 알아서 좋은 자재를 썼다거나 하여 나중에 추가비를 청구하는 것은 부당하다. 그런 부분이 있으면 반드시 건축주에게 미리 알려서 확인을 받고 진행해야 한다. 선택은 건축주 몫이다.

반대로 건축주가 도면에 없거나 견적에 없었던 것들, 예를 들어 가구를 짠다거나 계획되었던 타일 말고 더 비싼 타일을 골라온다거나 하여 시공비가 올라간다면 시공자는 '나중에 정산해주겠지' 생각하고 건축주는 '뭐 이 정도쯤이야 서비스로 해주겠지' 생각할 수 있다. 이렇게 동상이몽인 경우는 잔금 정산 시 반드시 문제로 터진다.

추가 견적에 대한 부분은 정확히 시공사가 제시를 하고, 건축주가 수긍하여 그 비용을 지불하기로 하고 진행하는 것이 맞을 것이다.

이런저런 분쟁거리에 대해 적다보면 한도 끝도 없다. 그러나 분명한 것은 서로 양보하고 이해하는 현장은 악수하며 웃고 끝나게 된다. 어느 쪽이 정확하고 어느 쪽이 부실해서가 아니라 집짓는 행위 자체가 서로의 욕심을 내려놓는 과정이라서 그런 것이 아닐까 생각해 본다.

건축주는 내가 선택한 사람을 끝까지 믿고 파트너로 여기는 마음가짐을 갖고, 시공자는 처음에 말했던 약속을 초지일관 지키는 자세, 성실한 현장관리, 부당한 추가비용 요구하지 않기, 이런 것들만 지켜진다면 집짓기 현장이 칭찬소리로 가득해 지지 않을까.

AGIT HOUSE CASE 03

가족 구성원
아버지 + 부부 + 아들 1 + 딸 1

우리는 집이 놀이터에요!
통영 평림동 주택

: 디자인 요구 조건

무조건 재미난 집으로 만들어 줄 것.
각 공간마다 컬러를 다르게 처리해 개성을 주고
미끄럼틀과 다락을 설치해
아이들에게 놀이터 같은 집을 선물하고 싶다.
아빠는 작은 영화관 같은 A/V룸만 있다면 OK.

노부를 모시고 사는데, 동선을 별도로 확보해
독립적인 공간을 마련해 드리고 싶다.
한 지붕 두 가구처럼.

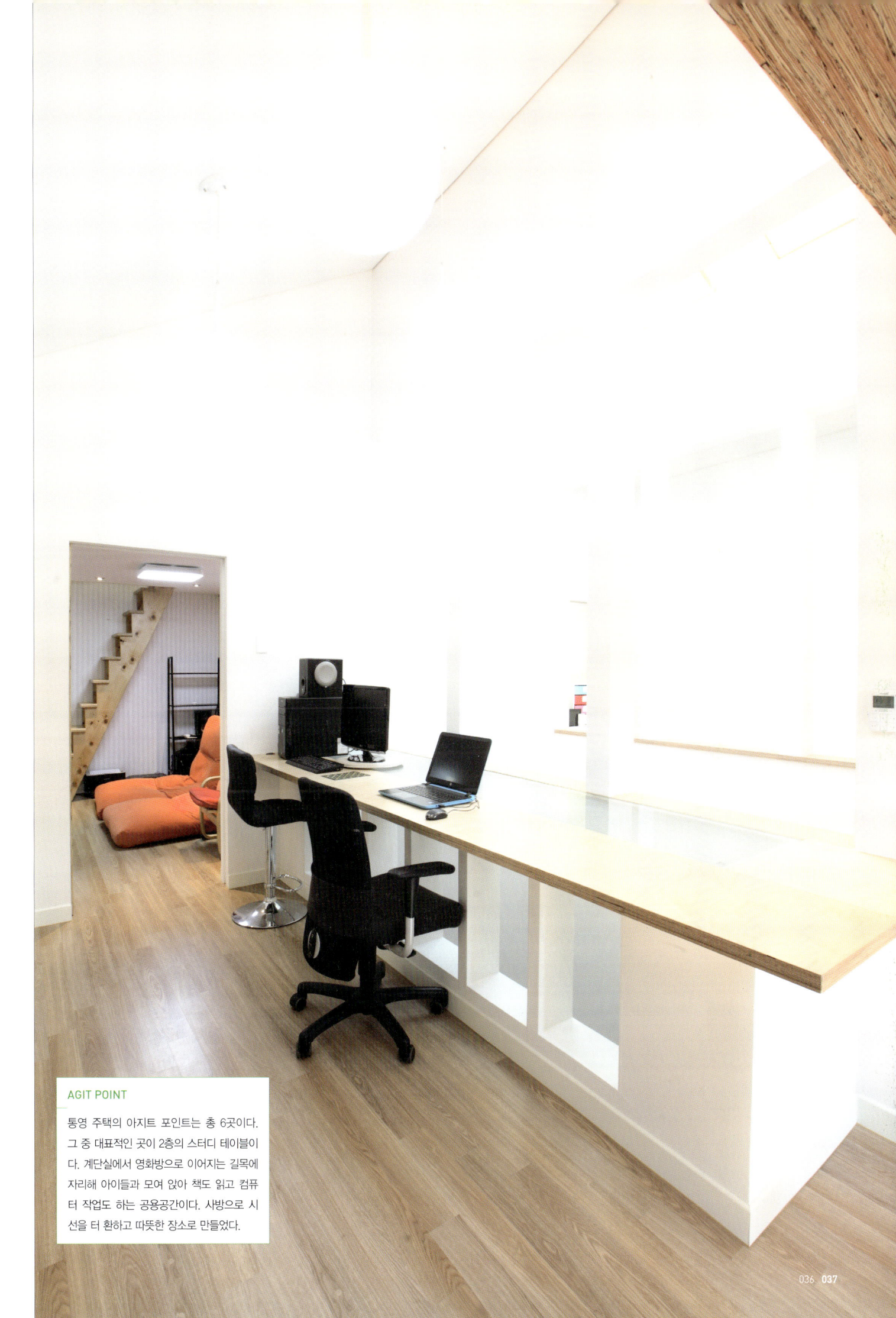

AGIT POINT

통영 주택의 아지트 포인트는 총 6곳이다. 그 중 대표적인 곳이 2층의 스터디 테이블이다. 계단실에서 영화방으로 이어지는 길목에 자리해 아이들과 모여 앉아 책도 읽고 컴퓨터 작업도 하는 공용공간이다. 사방으로 시선을 터 환하고 따뜻한 장소로 만들었다.

통영 주택은 건축 과정에서 주변 민원이 심한 편이었다. 거의 착공을 못할 상황까지 갔다가 극적인 타결로 기사회생한 경우라고 할 수 있다. 집이라는 게 공사를 주변보다 늦게 시작해도 문제, 남들보다 일찍 시작해도 문제다. 정답은 없고 그때그때 어떻게 대처해 해결하느냐가 중요한 것 같다. 건축주의 마음고생이야 이루말할 수 없고, 그 과정에서 막상 일을 진행하는 시공사부터 단종업체까지 줄줄이 피해를 입는 현실은 참으로 안타깝다. 통영 주택은 예상보다 석달 정도 더디게 착공하게 되면서 다소 조급한 마음으로 현장을 오갔던 기억이 난다.

이 집은 건축주 부부가 아이들을 위한 보금자리 겸, 아버지를 모시고 살겠다는 계획이 겹쳐 있기도 했고 무조건 재미난 집으로 해달라는 가족의 요구사항까지, 시작부터 흥미로웠다. 계획보다 집이 다소 커지게 되어 예산상 부담이 있긴 했지만, 건축주는 이를 감안하고 우리는 건축주의 의견을 최대한 충실히 반영하며 진행하였다.

모든 집이 할 때마다 새로운 경험을 하듯이 통영 주택도 조명이나 컬러, 설비적인 측면에서도 가능한 '한번 해보자'는 쪽으로 의기투합해 전체적으로 만족도 높은 주택을 완성할 수 있었다.

계획상의 특징으로는 아버지의 공간과 아들 부부의 세대를 '따로 또 같이' 하는 문제가 있었고 집의 공간 구조는 그 동선 풀이에서 모든 것이 파생되어 나왔다고 보아도 무방하다.

기본적으로 마당에서 모였다가 현관에서 나누어 들어가고, 다시금 주방에서 접점이 생겼다가 계단을 엇갈려 올라간다. 계단을 오르면서도 시선은 서로 바라다 보이게 하는 등 동선과 시선이 헤어짐과 만남을 반복하는 것이 이 집의 특징이다.

내·외부 메인 디자인

1
울타리
개비온 벽체

철망 속에 자갈을 채워서 개비온 담장을 만들었다.

2
지붕재
아연도컬러강판

0.5mm 두께로 징크블랙 컬러로 선택했다.

3
외장목재
열처리 탄화목

삼익산업 루나우드 14mm를 세로로 시공하고 블랙에 최대한 가까운 자단색 오일스테인을 발랐다.

4
외단열도장
스터코플렉스

50mm 비드법단열재로 외단열처리하고 스터코플렉스 도장, 오렌지색 부분은 추가로 도장했다.

5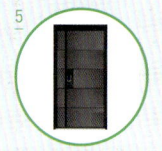
현관도어
성우스타게이트

어두운 톤의 외장재 색에 맞춰 LSFD8500제품으로 선택했다.

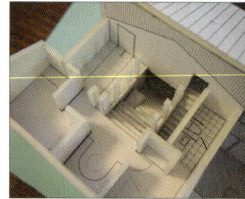
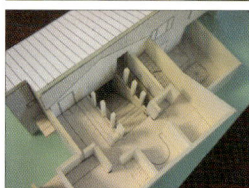
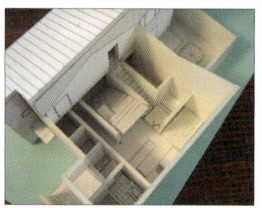

아들 가족의 공간과 아버지의 공간은 복잡하게 얽힌 듯 보이지만 별도의 현관으로 분리되어 있다. 외부에서 한 주차장으로 통해 같은 정원을 걸어 들어오지만, 물리적인 동선을 분리한다는 초기 콘셉트에 충실하게 디자인하였다. 다만, 내부에서는 시선을 스치면서 공용공간으로 쉽게 접근하도록 되어 있다.

마당을 둘러싼 개비온 담장은 집의 영역과 주변을 구분 짓는 역할을 한다. 사방에서 들여다보이는 부지 여건상 이와 같은 담장 처리는 거주자의 마음을 한결 여유롭게 해 준다. 위요감이 사람에게 가져다주는 근원적인 편안함 때문이다.

개인 주택을 계획하다보면 디자인부터 건축까지는 잘 진행되다가도 예산 부족으로 집을 둘러싼 조경과 대지경계 처리에 소홀하게 되는 경우가 많다. 따라서 집을 짓는 예산을 짤 때, 담장 및 조경 예산까지 포함시키는 것이 공사가 끝나고 입주했을 때 제대로 마무리된 기분을 더 느끼게 하는 데 좋을 것이다.

			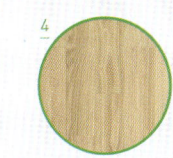
1	**2**	**3**	**4**
실내벽면	조명	미닫이문	바닥
친환경페인트	광천장 시스템	인테리어 래핑	강마루
삼화페인트 아이생각	착탈식 바리솔 조명으로 1.5×1.5m 크기. 사이즈가 정해진 기성제품이 있고, 광천장 범위가 넓어지거나 특별한 모양이 요구될 때는 현장 제작해야 한다.	LG인테리어 필름 스타일 밤부 아이보리 색상. 민자 도어 위에 래핑처리한 것으로 건식 공간에만 쓰는 것이 좋다.	LG강그린바이오 제품 중 소프트에쉬 색상

내부 공간은 건축주의 요구사항에 맞춰 거실, 주방, 계단, 화장실 각 공간에 아파트에서는 좀처럼 볼 수 없는 색다른 요소들을 넣어 디자인했다. 어려웠던 점은 아들 가족의 공간과 아버지의 공간을 한 덩어리의 집에서 따로 또 같이 버무리는 것이었는데, 현관문은 별개로 자리하지만 실내에서 서로 통하는 지점을 마련해 해결했다. '각자의 공간에서 지내다가 식사할 때 만나는 것이 자연스러울 것'이란 생각으로 1층 응접실을 그 접점으로 선택했다.

거실은 일부만 오목하게 파서 오손도손한 공간을 만들고자 하였으나 거실이 좁아 보일 것 같다는 안주인의 반대에 부딪혀 결국 거실 전체를 스킵플로어로 만들게 되었다. 디자인 계획을 하면서 미팅을 계속하다보면 새로운 것과 익숙한 것 사이에서 갈등을 하는 경우가 생긴다. 개인 주택은 파격을 시도할 수 있는 기회이기도 하지만, 한 번 지으면 쉽게 바꾸기 어렵다는 생각에 현실적으로 어느 정도 절충하는 때가 많다.

평면과 단면으로 보는 동선 풀이

1층 평면도

- 부부 동선
- 아버지 동선
- AGIT POINT
- 세대 공간의 교차점
- 아버지 공간

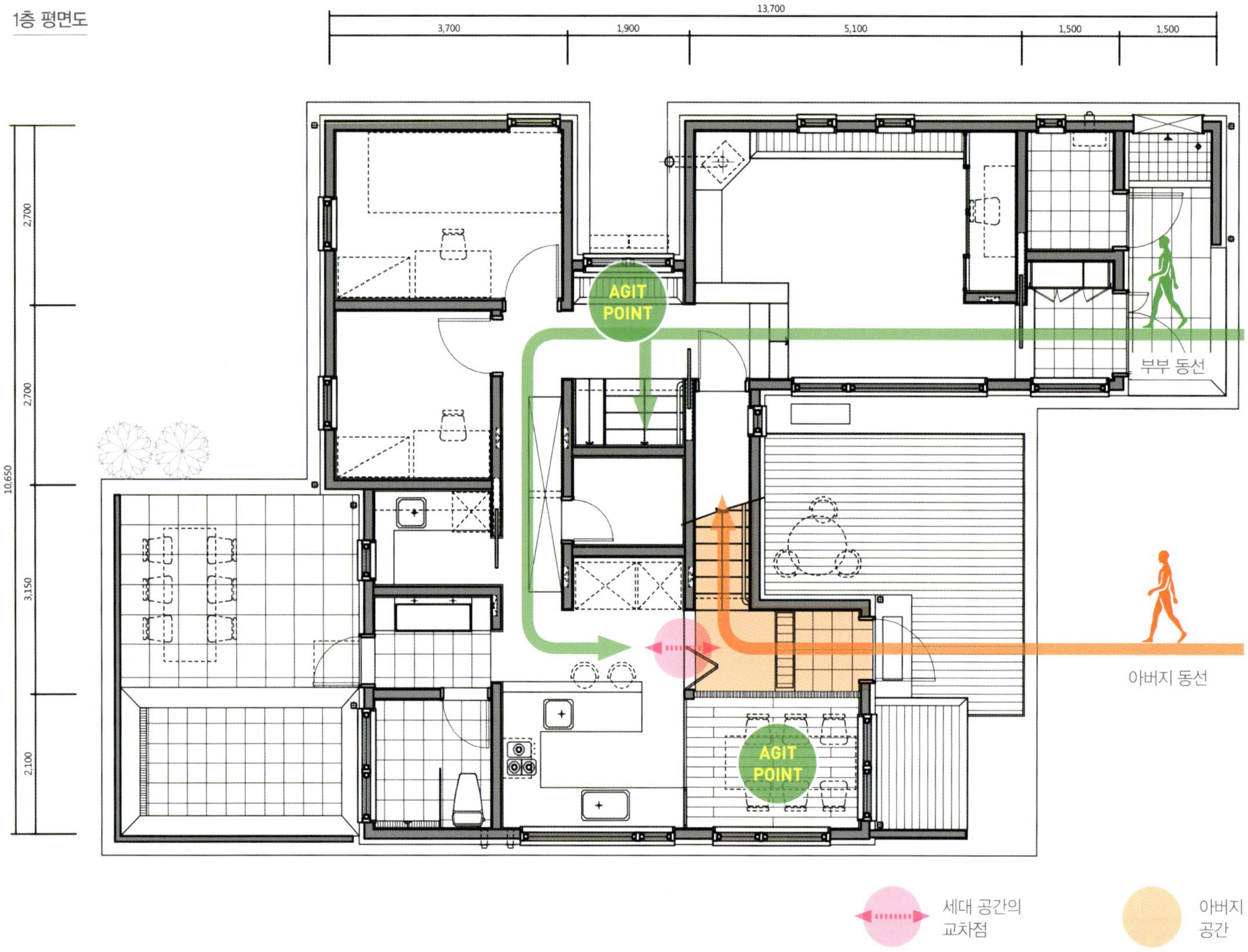

스킵플로어 스타일의 거실과 툇마루가 있는 주방

툇마루식 아버지 현관

동시에 여러 명이 이용 가능한 화장실(건식과 습식 분리)

같은 층 다른 현관에서 각각의 집으로 들어가 계단 동선의 엇갈림으로 세대분리가 이루어진다. 각 세대 동선의 접점은 1층 주방이며, 이곳은 아버지 세대의 현관 출입구에서 바로 이어지는 곳이기도 하다.

지붕 천창(톱라이트)에서 쏟아지는 햇볕은 측면부의 창들에 비해 주간조도가 일정한 편이라 계단실을 통해 은은한 빛이 감돌게 된다.

단면도 1

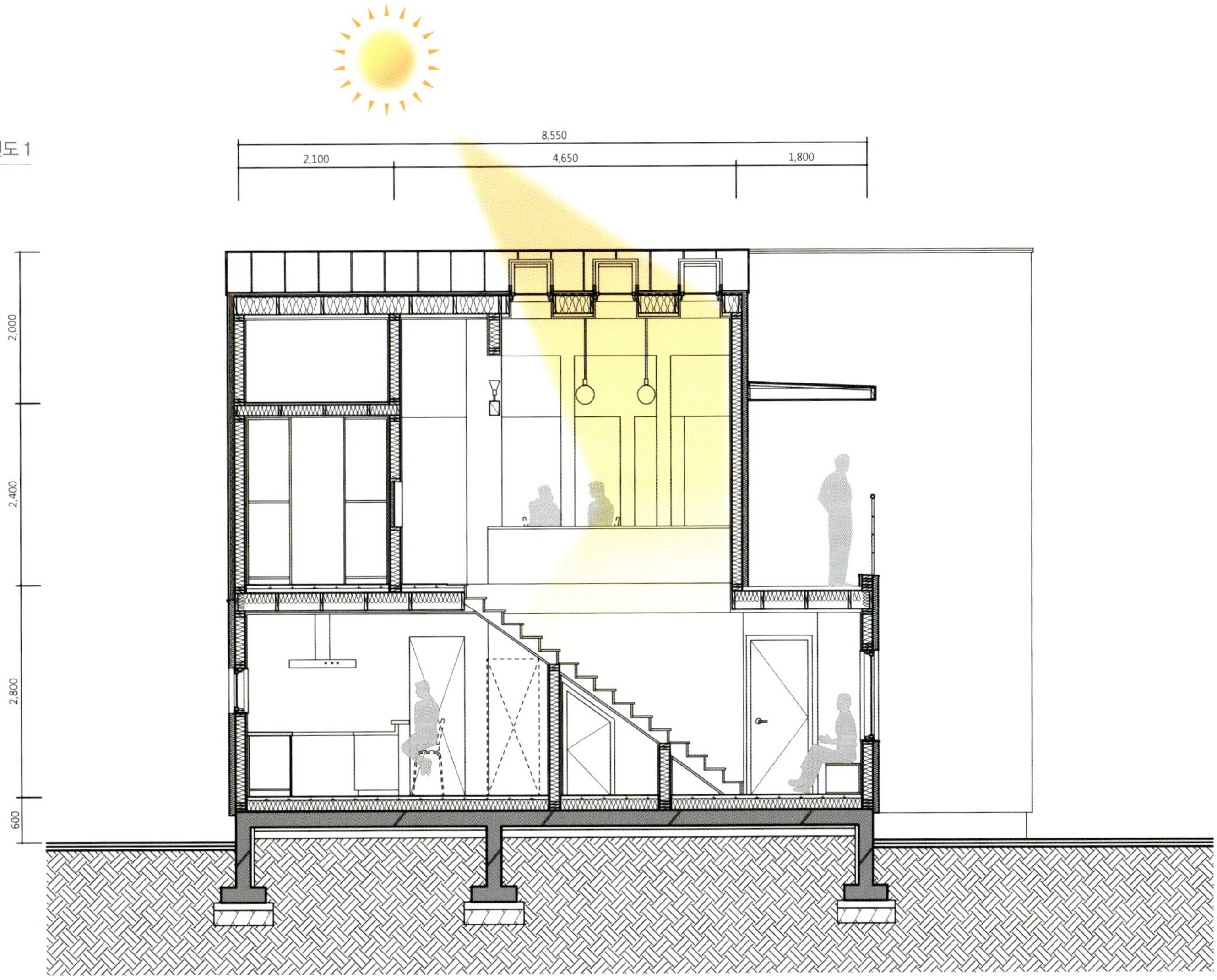

평면과 단면으로 보는 동선 풀이

A/V룸-2층 서재로 이어지는 공간이 이 집에서 이용 빈도가 가장 높은 곳이라 할 수 있다. 계단과 미끄럼틀을 통해 아래층 거실과 주방, 아이방으로 바로 연결되기 때문이다. 따라서 2층 부부침실은 주동선에서 살짝 비껴나 프라이버시를 보호받기 좋은 위치에 배치했다.

2층 평면도

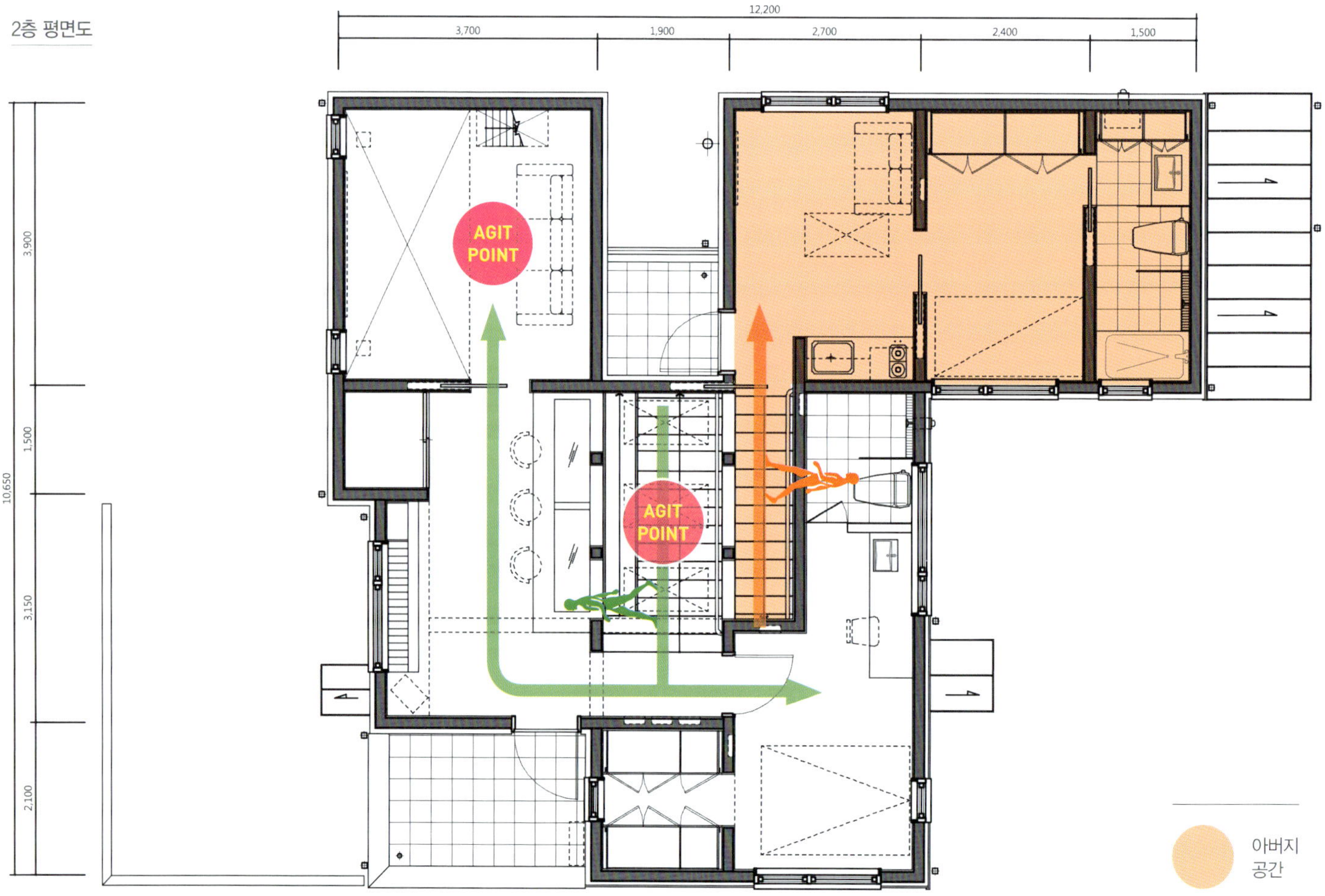

아버지 공간

단면도 2

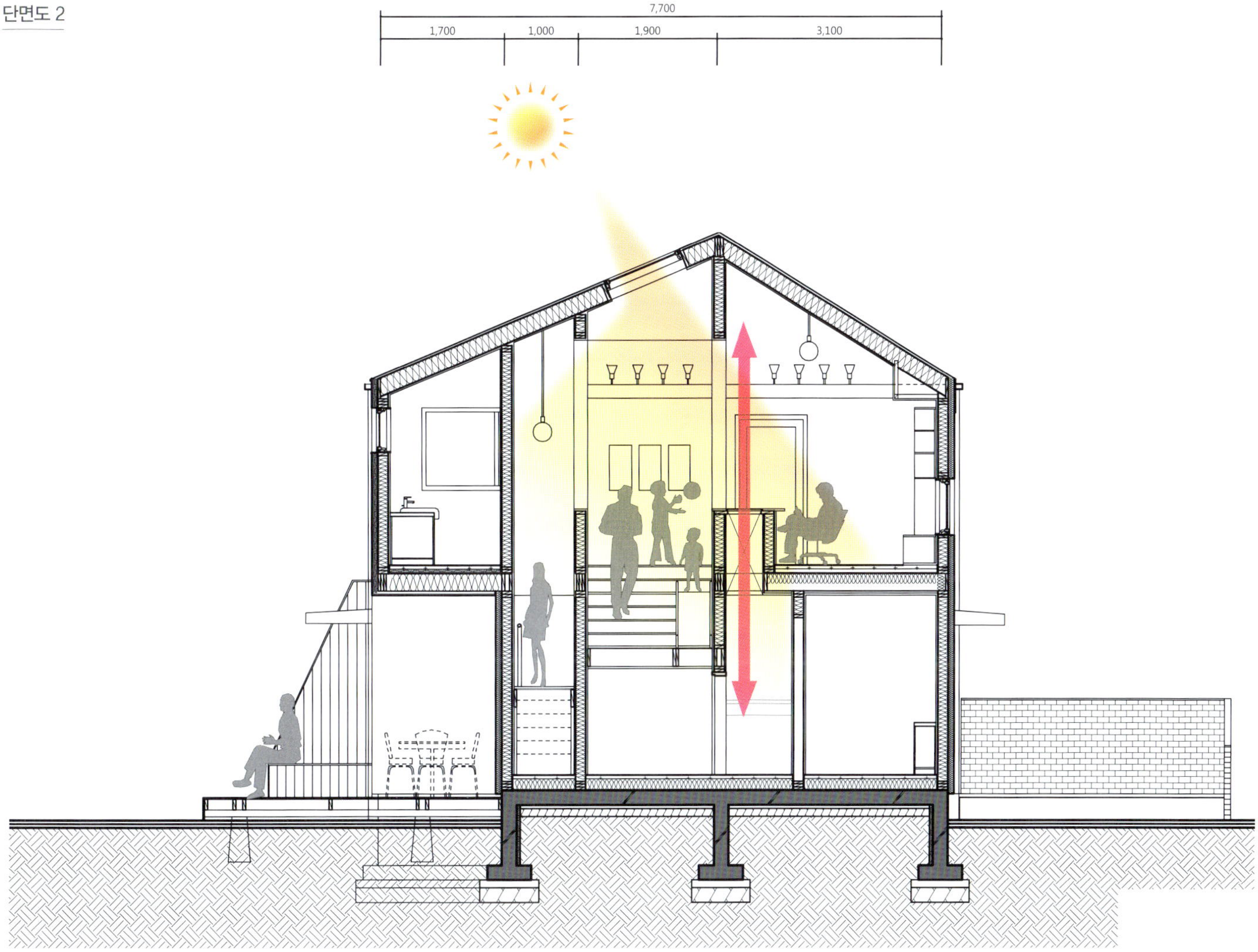

• 천창(톱라이트)에서 계단실로 쏟아지는 빛들이 측면으로 스며들어 1층까지 내려가는 시선 투과 효과를 주고자 했다. 1층에서 올려다보면 재미난 장면이 연출된다.

아지트 포인트 찾기

1 AGIT POINT

폭이 넓은 계단실은 은은한 빛을 받아 각 공간으로 전해주는 역할을 한다. 미끄럼틀은 아이들에게 재미를 선사하기 위한 건축주의 특별주문이었는데, 나무로 만들면 피부나 옷에 가시가 박힐 수 있어 스테인리스로 제작하여 설치하였다.

2 AGIT POINT

포켓벤치는 기대어 쉬거나 수납의 목적으로 만드는 경우가 대부분이다. 이 경우에는 계단과 미끄럼틀 맞은 편에 두어 아이들이 놀다가 쉴 수 있는 공간. 벤치 하단을 책장으로 꾸며 마음대로 책을 꺼내들고 벤치에 걸터앉아 읽을 수 있게끔 만들었다.

3 AGIT POINT

주방 옆 좌식평상은 이 집의 정면에 있으면서도 가장 깊숙한 곳에 자리 잡아 포근한 인상을 준다.

4 AGIT POINT

5 아빠의 A/V공간에는 다락실도 함께 한다. 아빠는 안락의자에 기대어 책을 보거나 영화를 보고, 아이들은 다락에 올라가 난간에 팔다리를 걸치고 영화를 보기도 한다.

6 AGIT POINT

2층의 오픈 서재는 시선이 사방, 그리고 1층과 천장으로 트여 있다. 그래서 갇히거나 단조롭지 않은, 입체적인 공간감을 선사한다.

내장 시공 포인트

연질 수성폼으로 꼼꼼한 단열과 기밀

지붕단열은 서까래 공간에 단열등급 '가'급의 연질수성폼을 채워 시공했다. 빈 공간이 없게끔 창호 위 헤더 부분 등도 꼼꼼하게 채웠다.

고정식 천창 시공

지붕 곳곳에 자리한 천창은 실내에서 손이 닿지 않는 높이라 고정식으로 설치하였다. 천창을 시공할 때는 방수와 벤트 등에 주의를 기울여 공사해야 한다.

2층 가족서재 테이블

이 집의 메인 아지트 공간인 2층 가족서재에는 유리가 있는 테이블을 제작해 설치했다. 서재에 앉아서 위로는 하늘을 보고, 아래로는 1층을 바라볼 수 있도록 의도했다. 상판은 안전을 고려해 이중접합유리를 사용하였다.

매입 선반

목조주택의 장점 중 하나는 실내 벽체 곳곳에 매입선반을 두어서 액자처럼 사용할 수 있다는 것이다. 다만 매입선반을 외벽에 설치할 경우는 단열에 문제가 생길 수 있으므로 주의해야 한다.

안전사고에 유의한 미끄럼틀 설치

아이들을 생각하는 건축주의 바람으로 계단 옆에 미끄럼틀을 설치하였다. 하중을 견디기 위해 구조 보와 합판으로 하부 작업을 하고, 가벼운 실내옷을 입고도 찰과상이 나지 않도록 스테인리스로 제작 했다. 경사각이 높아서 미끄럼틀 중간에 참을 만들 어 안전에 유의했다.

아들 부부 침실의 전용욕실

세면대는 건식으로 분리하였고 화장실과 욕실 부위의 채광은 천창을 적극 활용하였다. 샤워 부스의 바닥은 일반적인 타일이 아닌, 독일제 법랑샤워트레이를 시공하였다. 이 제품은 아버 지의 욕실에도 같이 적용되었다.

아버지 공간의 화장실

천장의 욕실난방청정기는 '힘펠' 제품으로 난방, 건조, 제균, 환기가 기계 하나로 가능하다. 환절기 목욕 시 욕실을 따뜻하게 만들어 온도변화에 민 감한 어르신들에게 좋다. 일반 팬보다 3배 이상의 풍량으로 전기공사 시 별도 회로를 잡아줬다.

" 2세대가 퍼즐처럼 따로 또 같이 사는
한지붕 두가구 주택이 지어졌다 "

건축 개요

대지위치 경상남도 통영시 평림동 | **대지면적** 375㎡(113.63평) | **건물용도** 단독주택 | **건물규모** 1층 90.86㎡(27.53평) + 2층 86.54㎡(26.22평) = 177.40㎡(53.75평) | **구조** 경량목구조 | **창호재** 독일식 시스템창호(엔썸) | **단열재** 지붕 - 연질수성폼(가급), 벽체 - R19 그라스울 + 50mm 비드법외단열재 | **외벽마감재** 스터코플렉스 | **내벽마감재** 벽 - 석고보드 두겹 위 친환경페인트 도장 / 바닥 - 강마루 | **지붕재** 0.5mm 아연도컬러강판 | **디자인** 홈스타일토토(임병훈 + 정신애 + 안영선) | **시공** JCON(황소진) | **디자인기간** 2013.08 ~ 2013.10 | **시공기간** 2014.01 ~ 2014.06

임소장's tip

싸고 좋은 집?
:
가성비 좋은 집이
진짜다

동화 중에 아기돼지 삼형제 이야기가 있다. 지푸라기로 만든 집은 늑대가 휘파람만 불어도 날아가고 나무집도 별반 차이가 없고, 마지막으로 벽돌집은 아무리 바람을 불어대도 끄떡없더라는 내용이다.

요즘에야 벽돌이 다른 자재에 비해서 상대적으로 저렴한 편이지만, 옛날에는 벽돌을 구워내려면 상당한 노동력과 에너지가 필요했기 때문에 짚이나 나무에 비해 상당히 비싼 자재였다. 물론 예산이 넉넉하면 자재 선정에 제약 없이 집을 지을 수 있겠지만, 현실적으로 그런 경우가 어디 흔한가.

디자인 상담을 하면서 주로 듣는 이야기가 '단열'이다. 단열은 너무 등급이 낮은 자재를 사용했을 때, 그리고 제대로 시공하지 않았을 때 제 성능을 발휘할 수 없고 결로가 생기는 등의 하자가 발생하게 된다. 요즘은 법정단열기준도 많이 올라가 있어서 법적 테두리 안에서만 선택, 시공해도 꽤 고단열 집이 지어지는 편이다. 이조차도 점차 기준이 높아져서 2017년 이후부터는 신축주택들 전부를 패시브하우스급의 단열성능을 요구하겠다는 정부 의지도 있다.

이제 자재업체들은 그 기준에 맞추지 못하면 시장에서 도태되기 때문에 열심히 등급에 맞는 제품들을 개발할 것이고, 디자이너나 건축주들은 그것들 중 비용 대비 성능이 괜찮은 것을 선택하여 적용하면 된다.

그러나 우리의 집짓기 현실에 있어서 항상 문제가 되는 것은 건축주의 한정된 예산이다. 따라서 단열에만 한정 없이 비용을 투입할 수도, 창호에만 비용을 무한정 들일 수도 없다. 결국 법적 성능을 만족시키면서 디자인도 멋진 선택을 하려면 전체적인 조화와 균형을 생각하며 자재를 골라야 한다. 건축주들은 최고 사양의 제품만 고집할 것이 아니라, 전체적인 예산 안에서 가성비를 고려해 선택해야 한다. 디자이너들도 자신이 주로 사용하면 익숙한 자재에서 벗어나 법적 기준의 변화, 사회 트렌드에 맞추어 자재 선정에 변화를 주어야 한다.

3중 유리의 시스템창호를 쓰고 법적기준치보다 훨씬 웃도는 단열재를 선택했을 때, 비용을 들인 만큼 더 높은 단열성능을 얻을 수 있는지 그 효과를 생각해야 한다. 물론 그 모든 결정의 근거는 내가 이 집을 짓는데 어느 정도 건축비를 투입할 것인지를 전제로 한다.

외장재의 경우도 마찬가지이다. 목재, 스타코, 금속 등등 다양한 자재들 중 이것을 쓰면 더 비싸다 하고 이것저것 섞으면 비용이 더 올라간다고 한다. 얼마나 올라갈 지는 딱 부러지게 알 수 없고, 건축주들은 혼란스럽기만 하다. 설계 단계에서 '법정 단열만 지키면 그 이상은 욕심 없다', '외장재는 심플하게 한두 가지만 가지고 디자인해 달라' 등의 대략적인 바운더리를 정해 일을 시작한다면 훨씬 순조로울 것이다.

자재를 선택할 때는 해당 건축가가 지금까지 해 온 작업들에 대한 조언을 들으며 결정하는 게 좋다. 그래야 디자인이 모두 끝나고 공사 견적을 받았을 때 예상치를 뛰어넘지 않는, 내가 받아들일 수 있는 금액이 나와 줄 것이다.

사실 건축가도 본인이 디자인하는 집이 공사비가 얼마나 나올지 확실하게는 알 수 없다. 어느 정도 예측은 가능하지만 매번 디자인이 다르고, 자재 물량이나 종류가 제각각이므로 '평당 얼마나 나올까요?'라는 건축주의 물음에 선뜻 예상치를 말하기 어려운 것이다.

따라서 초기 디자인 작업에 들어가기 전, 예산에 관련하여 건축가와 대화를 할 때에는 넘지 말았으면 하는 예산 상한선과 희망하는 디자인 이미지, 적용했으면 하는 내외장재에 대하여 풀어 놓은 다음 조언을 듣고서 진행하는 것이 바람직하다.

대략적인 예산 설정이 되지 않은 상태에서 진행하다보면 건축가는 자재스펙에 욕심을 내는 건축주를 보면서 '건축주가 비용을 더 쓰려나보다' 생각할 수 있고, 건축주는 건축주대로 '내가 처음 이야기한 예산범위 내에서 진행되고 있겠지?'라고 다른 생각을 한다. 건축주는 솔직하게 금액을 오픈하고 건축가와 시공사는 정해진 예산에 맞춰 집을 잘 짓게 되면, 그게 바로 가성비 좋은 집이다.

AGIT HOUSE CASE 04

가족 구성원
부부 + 아들 1 + 딸 1

숨바꼭질하며 노는 섹션하우스
남원 금지면 주택

: 디자인 요구 조건

거실과 주방 등 기능적인 공간은 1층에,
개인실은 전부 2층에 두어
이합집산(離合集散)을 층별로 나누고자 한다.
2층 각자의 방에서 연결되는 다락 공간을 두어
놀이방이나 서재로 꾸미고,
조용한 기도실도 하나 있다면 좋겠다.

단, 주방에 관련된 살림이 워낙 많으니
동선이 좋은 보조주방 및 창고와 보일러실은
여유롭게 확보할 것.

AGIT POINT

남원 주택의 아지트 포인트는 총 네 곳이다. 그 중 한 곳이 안방과 기도실 사이에 자리한 건축주의 서재다. 이곳은 원래 그만의 조용한 공간으로 계획되었지만, 다락에 드나드는 아이들의 안전을 염려해 밖을 내다보며 관찰할 수 있는, 다소 개방적인 서재로 바뀌었다.

남원은 모두가 아는 것처럼 춘향전의 무대가 되는 예향이다. 건축주의 고향은 부산인데 어떤 인연인지 남도 여자를 만나 대구에 거주하게 되었다. 그러던 중, 평상시 존경하던 장인이 남원에 터를 잡고 집을 지으신 모습을 보고 동참할 결심을 하게 된다.

도시생활과 자연에서의 삶, 어르신들을 모시는 문제, 본인의 직장 문제에 대해 많은 고민을 하던 건축주는 남원을 새로운 터전으로 삼고 읍내에 병원도 개업, 동네 어르신들을 진료하는 일도 새로 시작하였다.

특유의 서글서글함으로 부부는 별 무리 없이 남원에 정착하였고, 아이들도 도시에서 시골로 옮겨와 자연환경을 만끽하며 살게 되었다. 물론 그전까지 누리던 도시의 편리함이 이제는 없다. 주변의 여러 가지 것을 벗어던지고야 이 가족은 온전히 새 공간에 뿌리를 내릴 수 있었을 것이다.

이 가족은 고즈넉한 자연환경 속에 조용한 일상을 보낼 수 있는 차분한 공간을 원했고, 그것을 서재와 다락기도실 등으로 현실화시켰다. 닫힌 듯 열려 있는 2층과 다락의 구조는 어른들 입장에서는 아이들 소리에 시끄러울 수 있는 디자인이지만, 언제 우리가 이웃집 신경 쓰지 않고 재미있게 뛰어놀아봤으며, 마음놓고 피아노를 연주하며 큰 소리로 노래를 불러보았을까.

나는 새로운 집이 이 가족을 자연의 품으로 구원해 주는 삶의 방주가 되었으면 하는 마음으로 디자인했다. 건축주의 요청으로 1층의 다용도실이 원래 계획보다 많이 커져서 전체적인 비례가 다소 어색해지기는 했으나 그 또한 대화의 과정이었다. 서울과 대구를 오가는 미팅 일정이 지속되며 육체적으로 피곤하기도 했지만, 시공 과정에서 장맛비를 맞아가며 고생한 제이콘 황소진 소장의 노고에 비할 바는 아니다.

모든 결과물에는 이유가 있다고 했다. 여러 사람들을 만나고 상담하고 주택 디자인을 진행하면서 땅이 있다고 집이 지어지고, 돈이 있다고 집이 지어지는 게 아닌 것을 몸소 겪었다. 집짓기는 병아리가 껍질을 깨고 나오는 것처럼 여러 역경들을 스스로 떨치고 일어나는 사람들에게 가능한 일이라고 생각하게 되었다.

건축 개요

대지위치 전라북도 남원시 금지면 방촌리 | **건물용도** 단독주택 | **건물규모** 지상 2층 + 다락층 | **건축면적** 77.08㎡(23.35평) | **연면적** 1층 73.38㎡(22.23평) + 2층 59.82㎡(18.12평) = 133.20㎡(40.36평) | **다락면적** 21.53㎡(6.52평) | **구조** 경량목구조 | **창호재** 독일식 시스템창호(엔썸) | **단열재** 지붕 - 가급 연질수성폼, 벽체 - R19 그라스울 + 50mm 비드법단열재 | **외벽마감재** 열처리목재(삼익산업 루나우드) + 스터코플렉스 | **내벽마감재** 벽 - 석고보드 위 합지벽지 / 바닥 - 강마루 | **지붕재** 아연도컬러강판 | **디자인** 홈스타일토토(임병훈 + 정신애 + 안영선) | **시공** JCON(황소진) | **디자인기간** 2013.10 ~ 2013.12 | **시공기간** 2014.06 ~ 2014.10

외부 디자인과 자재

1
현관도어
단열 현관문

엔썸의 60FELL 현관문으로, 독일산 하드웨어가 적용되어 기밀성능이 높다.

2
외벽
포인트 도장

삼화페인트 (수성 민트색)

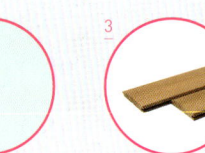

3
외장목재
열처리탄화목

삼익산업 루나우드 14mm 제품을 세로로 시공하고, 커피색 오일스테인을 도료했다.

4
원기둥
지름 200mm

구조적인 역할보다는 데크, 2층 발코니, 미니풀장을 수직으로 연결하는 중심축이 된다.

집의 1층 후면부가 돌출되는 것은 외형적으로 부담스러웠다. 그래서 후면부에서 바라봤을 때 1층과 2층의 공간이 구분지어 보이는 느낌을 줬다. 돌출 부분 강판을 날개 부분까지 꺾어 내려 프레임을 강조했더니, 집은 한층 무게감 있어 보인다.

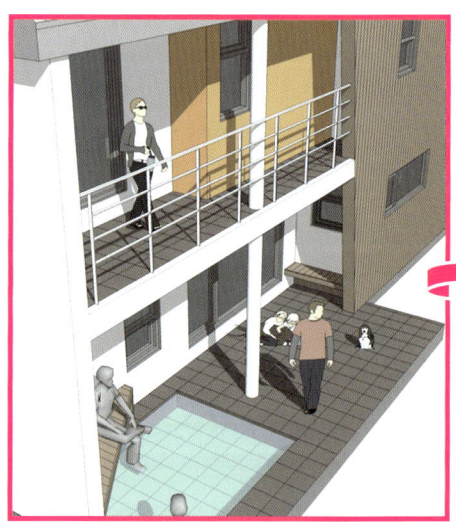

디자인 당시 집의 남측면 이미지와 실제 완공 직후의 모습 (우측 사진)

진입부 정면에서 집을 바라봤을 때는 모던한 형태이지만 집 안쪽으로 관망했을 때는 시골 분위기와 어울리는 목가적인 풍경이 배어나왔으면 했다.

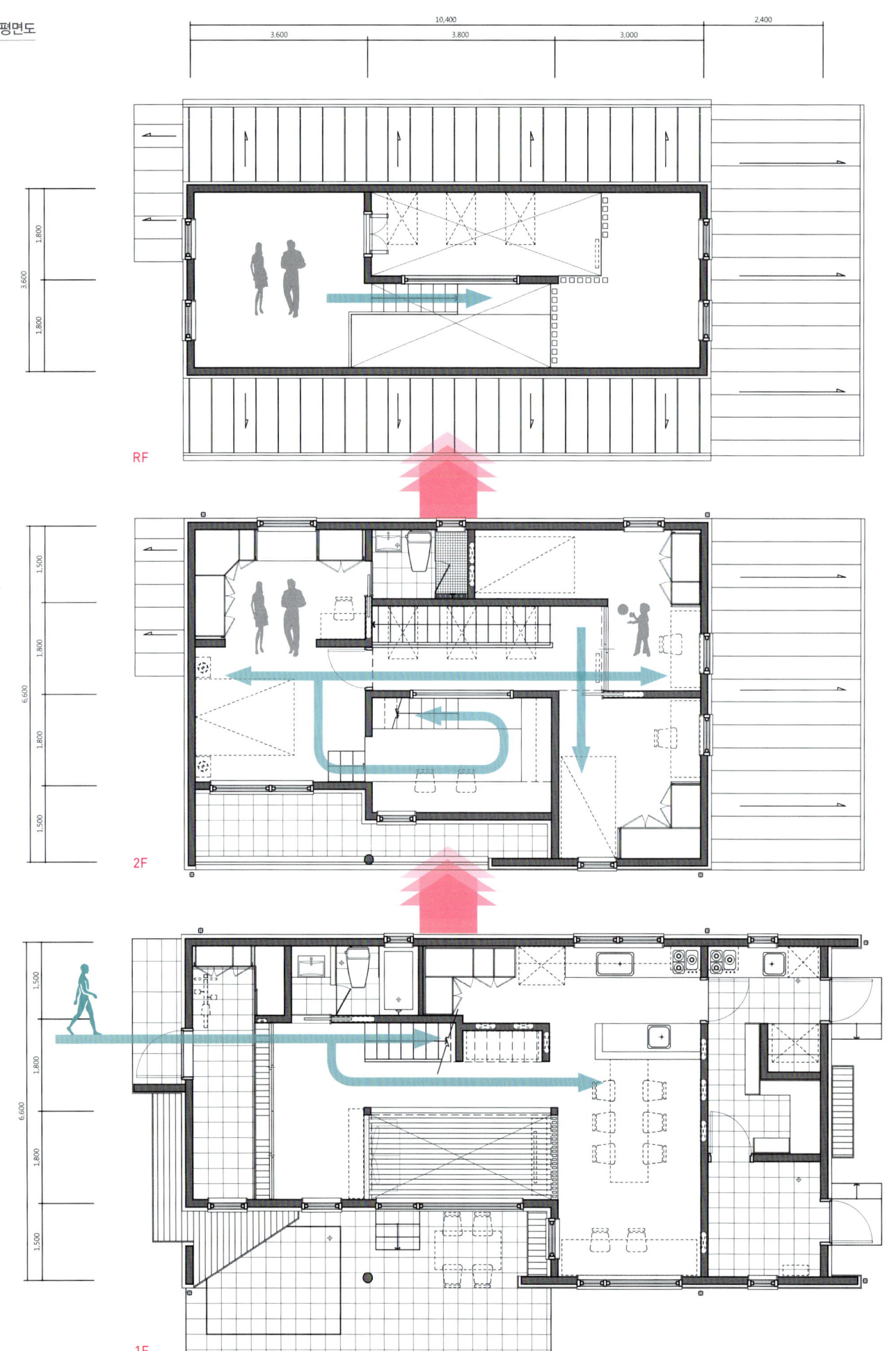

현관은 실내의 일부로 생각해 넓은 면적을 할애해 구성했다. 아이들이 거실에서 놀다가 맨발로 뛰어 나가기도 하고, 자동차놀이나 모래장난을 실내에서도 할 수 있게끔 했다. 우리 식으로는 '봉당(封堂)', 일본 주택에서는 '토간(土間)'이라고 표현하는데, 실내와 외부의 중간적인 공간을 의미한다. 이 여유로운 공간은 가끔씩 자전거를 들여놓는 등 창고 역할도 거들 수 있다.

대도시에 가면 '걷고 싶은 길'이 조성되어 있는 경우가 많은데, 이곳은 이 집의 '걷고 싶은 복도' 쯤 되겠다. 복도를 지나며 아래층 거실도 내려다보이고 하늘도 올려다 보이고, 아빠 서재도 약간은 훔쳐볼 수 있다.

3차원적인 내부공간

서재를 통해 가는 다락방

원래 계획은 아이들 다락은 복도에서 진입하게 되어 있었지만 안전문제로 서재를 통하여 진입하는 것으로 변경했다. 서재 공간의 바닥이 2층 바닥보다 1m 가량 높은 위치에 있어서 서재를 거쳐가면 다락에 오르기 쉽기 때문이었다.

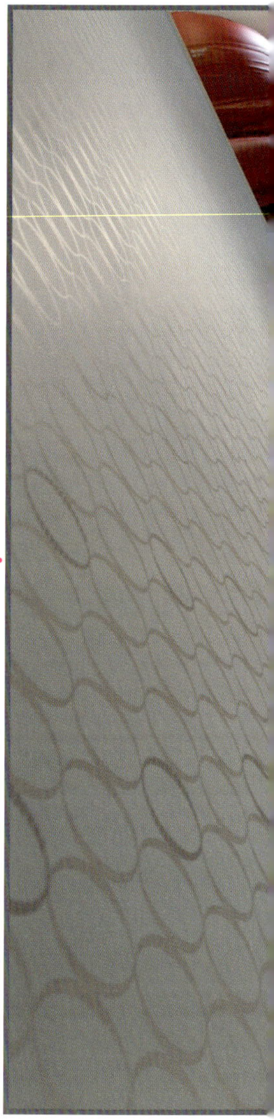

단면도 1

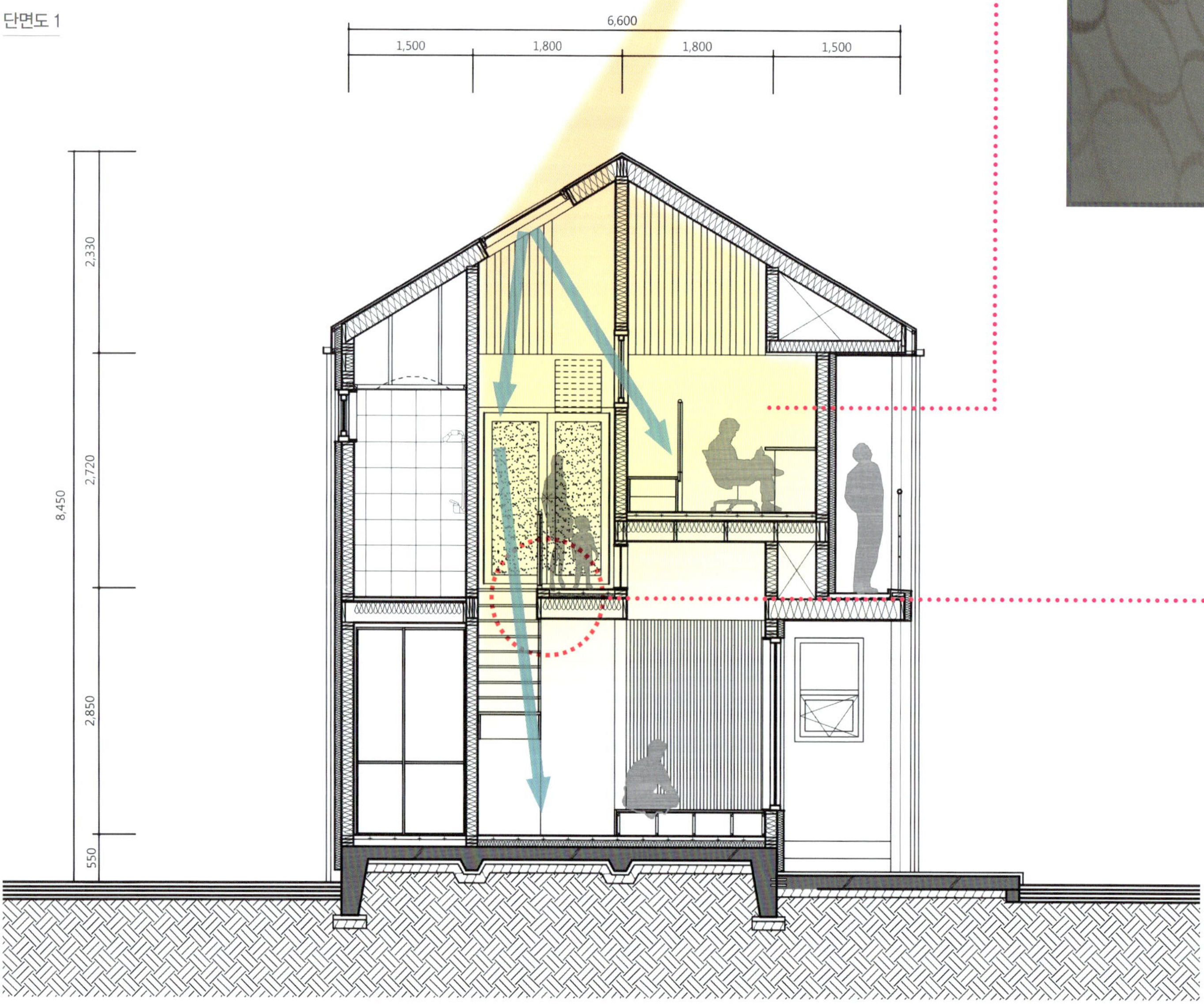

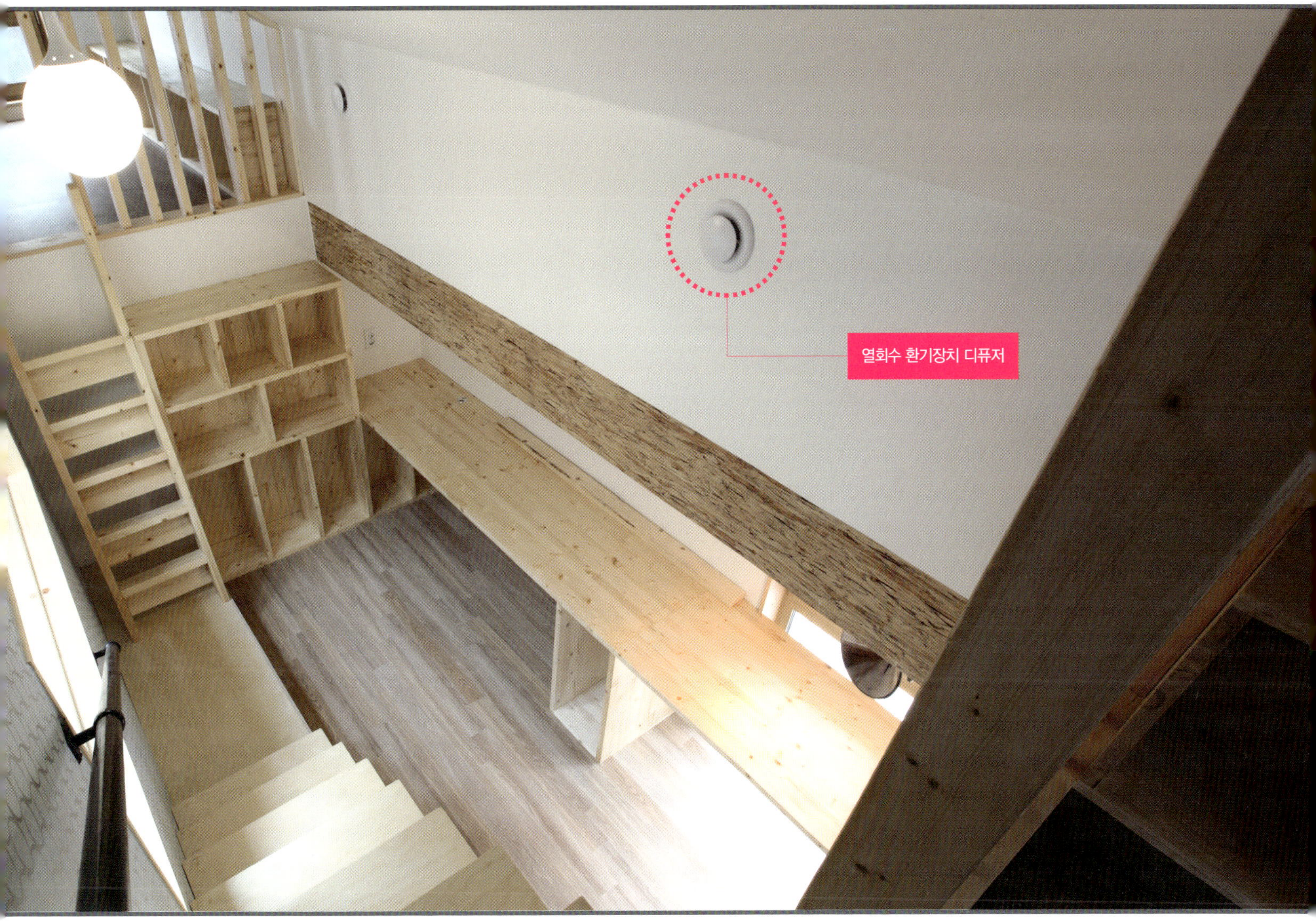

열회수 환기장치 디퓨저

계단 난간 디테일

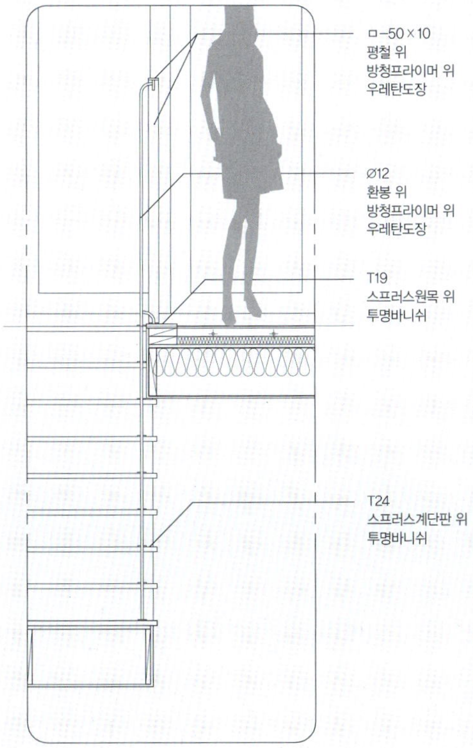

ㅁ-50×10
평철 위
방청프라이머 위
우레탄도장

Ø12
환봉 위
방청프라이머 위
우레탄도장

T19
스프러스원목 위
투명바니쉬

T24
스프러스계단판 위
투명바니쉬

천창을 통해 빛이 쏟아지는 계단실

집의 중심부에 동선을 두고 그 상부에 천창을 배치하는 방법은 빛이 잘 닿지 않는 집안 곳곳을 일정 밝기로 유지해준다.

아지트 포인트 찾기

A AGIT POINT
안방에서 연결된 아빠 서재. 바닥레벨이 1m 가량 높아서 나만의 특별한 공간으로 느껴진다.

단면도 2

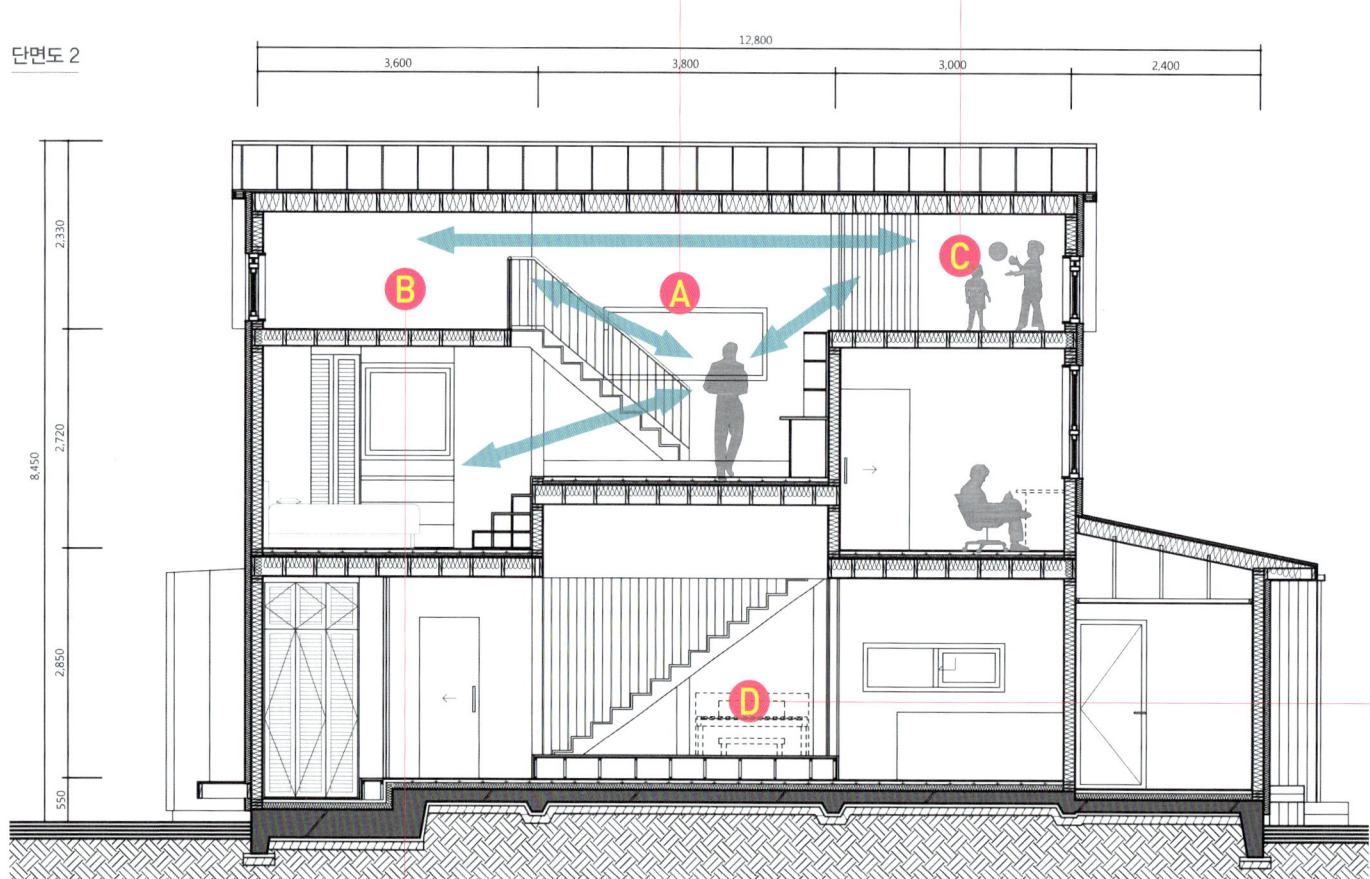

B AGIT POINT
차분한 분위기에서 기도·묵상이 가능하도록 마련한 기도실로, 안방 위 다락방에 위치한다. 아빠 서재와도 연결된 이 공간에서는 맞은편의 아이들 다락방도 관찰할 수 있다.

아지트주택 | 남원 금지면 주택

C AGIT POINT
아들과 딸아이의 방 위에 자리한 다락은 놀이방으로 활용된다. 어지르고 노는 것은 이곳에서, 책을 읽고 공부하는 건 아랫방에서 하도록 의도했는데, 그대로 될 지는 미지수다.

D AGIT POINT
막힌 듯 뚫려 있는 주방과 거실은 주어진 면적에 비해 답답한 느낌이 들지 않도록 시선 처리와 각 공간의 높낮이에 신경을 써서 디자인하였다.

내·외장 부분 시공 포인트

테라스와 욕실 방수

남원 주택 테라스는 면적도 넓고 투과형 난간으로 되어 있어서 우천시 비가 그대로 들이치는 개방형 테라스이다. 따라서 방수방법에 대해 고민을 하였고 일반적인 우레탄도막 + 시트방수보다는 노출형 합성고분자 PVC시트방수를 채택하게 되었다. 신축성이 좋아 목조주택의 수축 팽창에도 대응하기 좋은 방수법이다. 테라스뿐 아니라 화장실도 같은 방식을 적용했다.

 >  >

 >

창호 강판 후레싱

외장 목재 주변의 창호에는 소위 기마대라고 하는 목재 프레임을 두르지 않고 외장재 시공 전에 마감면보다 15mm 가량 돌출되게끔 강판으로 사면후레싱을 만들어 감아돌렸다. 이렇게 물끊기를 설치해 외벽 오염을 최소화하고자 했다.

지붕 단열과 환기시스템

지붕 방수 시트 위 환기 이격재를 설치하여 공기 흐름층을 만들어 벤트가 원활하도록 했다.

계단 난간의 제작

계단폭이 750mm에 불과해 난간이 조금이라도 두꺼우면 자리를 많이 차지해 공간이 더욱 좁아질 수 있는 상황이었다. 시공자와 상의해 몇 센티라도 공간을 확보하고자 평철 대신 환봉을 사용해 1층과 2층을 한 번에 아우르는 난간을 제작해 설치하게 되었다.

자재 리스트

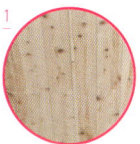

1 | 거실 천장 | 히노끼루버

T9의 일본산 히노끼루버로 천장을 마감해 목재의 아늑한 느낌을 부각시켰다.

2 | 거실등 | LED

비비나라이팅 크리미 거실 LED(75W)

3 | 2층 복도 측면 | 강화유리

복도의 하단부는 T10 강화유리를 설치해 개방감을 주고, 천창에서 받는 빛이 거실까지 투과될 수 있도록 했다.

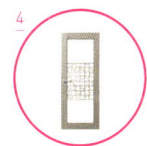

4 | 현관중문 | 영림도어

YW-235 영림25 목무늬단조

5 | 거실 평상 | 열처리 목재

T21의 삼익산업 루나우드를 이용해 거실의 좌식평상을 마감했다.

6 | 바닥 | 강마루

LG강마루 강그린바이오 소프트에쉬 색상

임소장's tip

**건축주가 숙지하면 좋을
집짓기 처세술**

:
약은 약사에게
진료는 의사에게

건축주들을 위해 지혜로운 처세술 하나를 소개하겠다. 오랜 기간 상담을 하다 보니, 많은 이들이 건축가를 선택하는 데 숨넘어갈 정도로 고민들을 하고 결정장애를 갖고 있다는 걸 알았다. 미덥지 않아 하고 본인이 의심하는 걸 괴로워하고 결국 그러다 집짓기도 전에 진을 뺀다.

그런데 그런 분들 상당수가 대단히 놀랍게도, 시공자를 선택할 때는 말도 안 되는 이상한 기준을 가진 걸 보고 깜짝 놀랄 때가 많다. 현장과 가까워서, 혹은 친구 소개로, 또는 견적서가 제일 싸서(물론 이 이유가 가장 크다) 등이 기준이다. 간혹 동네 보일러 하는 분이 소개해줘서, 전기 하시는 분이 소개해서(이쪽으로 선택하면 99% 수렁에 빠진 것이다. 그런데 의외로 이 수가 많다) 결정하는 경우도 있다.

'디자인만 잘 해주면 시공은 내가 알아서 진행해 볼게' 하면서 샛길로 빠지는 분들이 최근 점점 많아졌다. 또 건축가에게 시공자를 좀 소개해 달라고 해 놓고도, 막상 소개시켜 주고 시공자가 지은 집에 꼭 가보라고 당부를 해도, 그 한두 번의 발품을 팔지 않는다. 장담컨대, 컴퓨터 앞에 앉아서 인터넷 정보를 쓸어 모으는 사람보다 직접 시공된 집을 다녀와서 시공자를 결정하는 이들이 입주 후 만족도가 훨씬 높다. 무엇보다 건축주가 직접 눈으로 보고 그 집에 사는 사람의 의견을 듣고 나서 믿음을 가지는 것이 좋기 때문이다.

시공자 선정에 의외로 허당인 분들을 연구해 보면, 몇 가지 특징을 보인다.

첫째는 도면 만능주의이다.
'내가 돈 들여 정성껏 뽑아낸 디자인이고 도면인데, 시공자가 틀림없이 준수해서 시공하겠지, 그래야 하고 말고.' 하고 철썩 같이 도면만 노려보는 이들이다. 그러나 시공자들 중 도면 이해력이 떨어지는 이들이 있고, 아예 처음부터 지킬 생각이 없는 사람도 많다. 이런 것은 어떤 잣대로 판단할 수 있는가. 도면만 잘 되어 있다고 아무 시공자나 다 잘 지을 수는 없는 법이다.

둘째는 완공 때까지 건축가 바짓가랑이만 잡고 계시는 분들이다. 지혜로운 건축주들은 디자인을 납품받고 나면, 벌써 다음 행보가 다르다. 이미 설계자에게는 반 이상 뽑아먹었다고 생각하고, 시공자와 좋은 관계를 맺는데 공을 들인다.

건축가 입장에서는 가끔 서운할 때가 있기도 하지만, 디자인 완료 이후부터는 시공이 주인공이다. 건축가의 역할은 양쪽을 조정하고 우리가 상상했던 디자인이 나와 주도록 열심히 의사소통하는 것뿐이다.

사실 애초에 디자인한 사람이 현장을 매의 눈으로 감독하는 것은 불가능에 가깝다. 아무리 감리를 한다고 해도 모든 공정을 볼 수는 없기 때문이다. 공사가 시작된 시점부터는 항시 현장에 있는 시공소장의 역량이 무엇보다 중요하다.

'약은 약사에게, 진료는 의사에게'
새삼스러운 문구가 아니다. 건축주들 중 자가진단하고 약만 약사에게 처방받으려 하거나, 진료만 받고 약은 자기가 약초를 구해다 달여 먹으려는 분들, 의외로 많다는 것이다.

만족도가 높은 집짓기는 적당한 디자인에 싸게 짓는 시공자를 만나는 게 아니라 내 의견이 잘 반영되고 건축가의 정성이 들어간 디자인에, 그 디자인을 준수해 성심껏 시공해줄 시공자를 만나는 것이다.

그리고 그에 합당한 비용지불은 당연히 병행되어야 한다.

AGIT HOUSE CASE 05

가족 구성원
노부부 + 종종 들르는 아들 가족

풍수지리로 좋은 집터, 그 자체가 아지트

상주 은척면 주택

: 디자인 요구 조건

이 터는 풍수 전문가인 아버지가
아들 사주에 맞춘 땅을 택했던터라
풍수에 관련된 몇 가지 요구사항이 반영되어야 한다.
집의 중심점의 위치, 집이 바라보는 방향, 'ㄱ'자 구조,
각 방에서 창이 자리하는 위치들이 그것.

건축 직후에는 부모님이 거주하시다가
건축주 가족은 몇 년 뒤 은퇴 시점에 낙향할 예정이다.

디자인은 특별하지 않고 수수하게, 단 단열은 철저하게,
가성비에 맞는 적절한 단열 공법을 요구하고
구조는 스틸하우스 공법을 채택했다.

AGIT POINT

상주 주택의 아지트 포인트는 의외로 외부에 존재한다. 다락공간도 아지트로 충분히 활용될만한 공간이지만 집 중심부의 요철과 목재 파고라가 만나는 중정 부분이 이 집의 색다른 요소다. 마냥 걸터앉아 주변 땅과 자연을 바라보면 머릿속이 맑아지는, 그런 특별한 경험을 선사하는 아늑한 공간이다.

건축 개요

대지위치 경상북도 상주시 은척면 봉상리 | **대지면적** 3,326㎡(1,007평) | **건물용도** 단독주택 | **건물규모** 1층 97.37㎡(29.50평) + 다락 51.27㎡(15.53평) | **구조** 스틸하우스(경량철골프레임구조) | **창호재** 독일식 시스템창호 39mm 3중유리(엔썸) | **단열재** 지붕 – 이소바 에너지세이버 가급 이중 교차시공 / 벽체 –이소바 에너지세이버 + 100mm 비드법 보온재 | **외벽마감재** 이연도컬러강판, 테라코 수퍼화인플렉스 | **내벽마감재** 벽 – 석고보드 위 벽지 / 바닥 – 강마루 | **지붕재** 0.5mm 아연도컬러강판 | **디자인** 홈스타일토토(임병훈 + 정신애 + 안영선) | **시공** 정성문 | **디자인기간** 2013.07 ~ 2013.10 | **시공기간** 2014.04 ~ 2014.07

건축주의 아버지는 풍수에 조예가 깊은 분이다. 수년 전, 상주 인근을 지나다 성주산 자락을 먼발치에서 바라보고 범상치 않은 기운을 느끼곤, 길을 더듬어 이 땅을 찾았다고 한다. 아들 내외가 살기에 적절한 땅으로 나중에 터를 잡고 살기에도 좋다고 판단해, 부지는 이미 한참 전에 매입이 이루어진 상태였다.

어르신의 말을 빌자면, 땅의 기운과 거기 사는 사람의 사주가 잘 맞는 때가 있다고 한다. 건축도 그 시기를 보고 해야 한다고.

때를 기다리는 동안 건축주는 집을 디자인할 사람을 찾다 우리와 연이 닿았다. 그는 디자인은 전적으로 맡기고, 자신은 집에 들어갈 기본적인 내용과 아버지로부터 전달받은 몇 가지 풍수적 지침, 예를 들면 집은 동향으로 앉힐 것, 집의 중심 위치를 지켜서 앉힐 것 등만 전달하고, 한 발 물러나 있었다.

재미난 뒷이야기도 있다. 건축주 아버지의 주문을 하나 놓친 것이 있었는데, 정면 마당이 똑바로 바라다보이지 않도록 무언가 차폐물을 만들면 좋겠다는 의견이 있으셨단다. 당시 집의 정면에 파고라를 디자인해 갔는데, 우연치 않게 맞아 떨어져 손뼉을 쳤던 기억이 있다.

디자인이 완성된 후 건축주는 바쁜 일정을 쪼개어 시공자들을 일일이 만나 인터뷰를 가졌다. 고단열 주택을 이해하고 시공해 줄 분을 찾는 일이 쉽지는 않지만, 우여곡절 끝에 스틸하우스 쪽에 노하우가 깊은 정성문 소장님을 만났고, 건축주의 의향을 반영한 집짓기가 시작되었다. 스틸하우스에 맞춘 구조적 설계 변경은 정 소장님의 도움으로 해결할 수 있었다.

집의 배치와 외관

배치 다이어그램

풍수적 조언을 얻어 배치와 향, 방의 위치 등을 결정하였다. 집을 완공한 후의 집 주변부 모습을 보면 건축주가 이 집을 둘러싼 주변 환경을 얼마나 중시하였는지 알 수 있다.

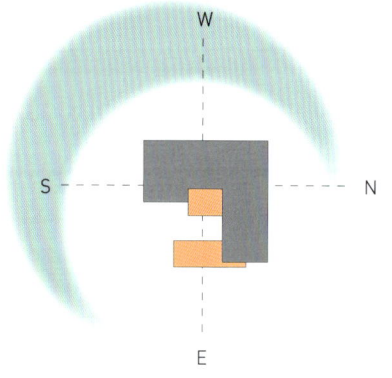

1층 아지트 포인트의 동선 흐름

주방 응접실에서 가운데 중정 데크로, 다시 정면 파고라로 이어지는 동선이 상주 주택의 주된 이동 코스다. 손님들을 맞이하는 세 가지 공간이기도 하다.

•
집 앞 마당이 넓게 존재하지만 'ㄷ'자로 감싼 속마당을 두어 외부 공간과 내부 공간이 부드럽게 연결된다. 둘러싸인 곳은 밖이지만 아늑한 공간이 되어준다.

•
집은 자체의 형태보다는 주변 산세와 대지 환경과 잘 어우러지는 디자인을 우선으로 했다. 그리고 이들과 상호보완적인 배치를 잡아 집을 앉혔다.

1층 평면도

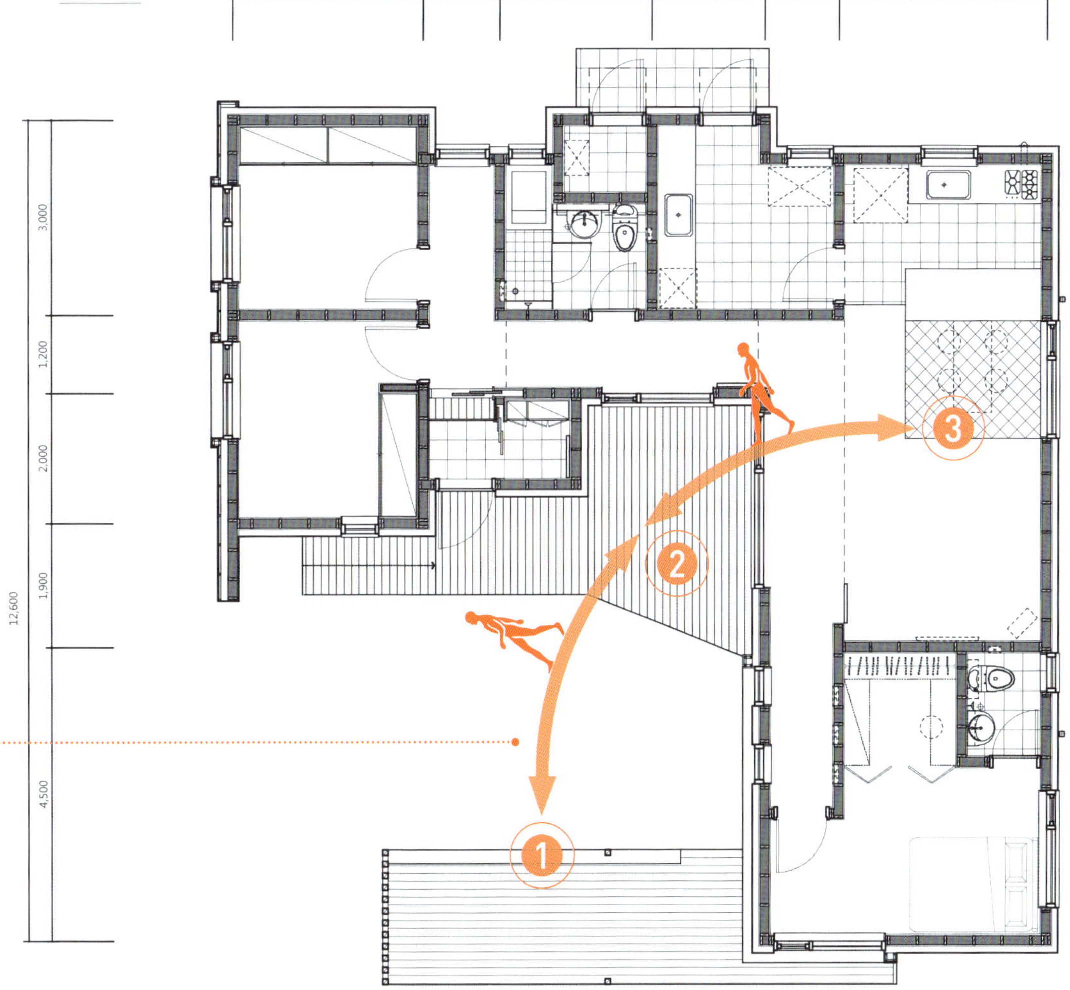

단열과 기밀 시공

철골 자체의 선형 열교(단열재와 선 형태의 구조재의 성능 차이로 인해 생기는 열교 현상)를 보완하기 위해 최상단의 단열층은 허리케인 타이에 2×6 구조목을 서까래 방향과 직교되게 설치하여 고단열 그라스울 제품을 채웠다.

- 최상부 단열층 | OSB + 10㎜ 압출법단열재
- 중간부 단열층 | R23 이소바 에너지세이버(140㎜)
- 하부 단열층 | R40 이소바 에너지세이버(240㎜)

지붕 단열층 시공 과정

두꺼운 옷 한 장 보다는 얇은 옷을 여러 겹 껴입는 것이 효과적이라는 말처럼 이중 삼중의 단열층을 확보하는 데 중점을 두었다. 단열층을 겹겹으로 싸면서도 자재간의 벤트 공간은 빠짐 없이 두었다.

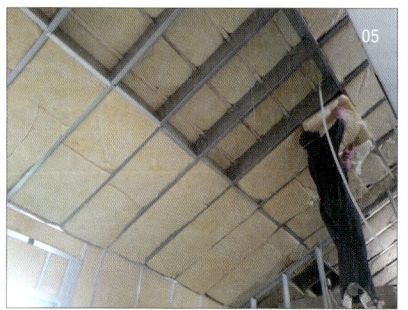

단면도 1

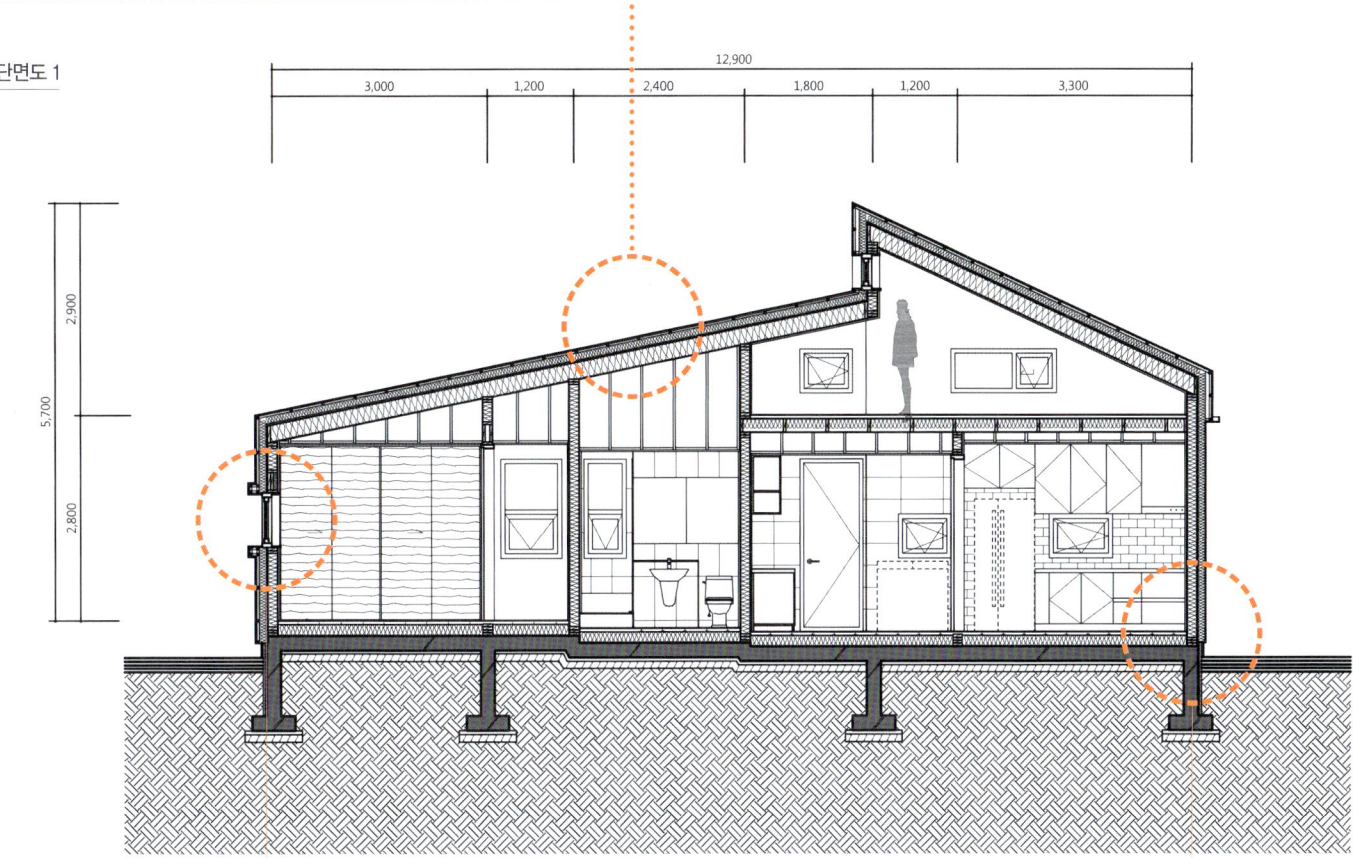

창호 인방 단열재 시공

스틸하우스에서 스터드 내부까지 단열이 채워지는지 궁금해하는 건축주들이 꽤나 많다. 창호 상부 인방이나 베커 부위 등도 EPS 단열재를 미리 채운 후 시공에 들어갔다. 이렇게 해서 스터드 내부도 모두 단열재로 충진된다.

기초 벽면 단열재 시공

기초벽에도 아스팔트 프라이머 방수 시공 후, 압출법단열재를 둘러서 집의 바닥에서 새어나가는 열기를 최소화 하고자 했다.

창호 프레임 사춤

창호 프레임 주변 사춤은 신축성이 뛰어난 수달폼을 사용해 기밀에 만전을 기했다.

아지트 포인트 찾기

A AGIT POINT

홈스타일토토의 디자인은 평범한 공간에서도 열리고 닫히는 시선처리에 많은 고민을 한다. 상주 주택의 거실에서도 뒷마당과 중정 툇마루, 다락 복도로부터 쏟아져 내려오는 빛이 한 시야에 모두 들어와서 답답한 느낌이 들지 않는다. 거실에서 올라가는 다락은 지붕을 자연스럽게 들어 올려 만든 공간이다. 다락방은 올라가서 무엇을 해도 좋을 듯한 나만의 아지트가 된다.

거실은 중간에 두고 여기저기 다락방이 연결되어 있어 작은 면적의 집에도 불구, 손님들이 자고 가기에 부족함이 없다.

단면도 2

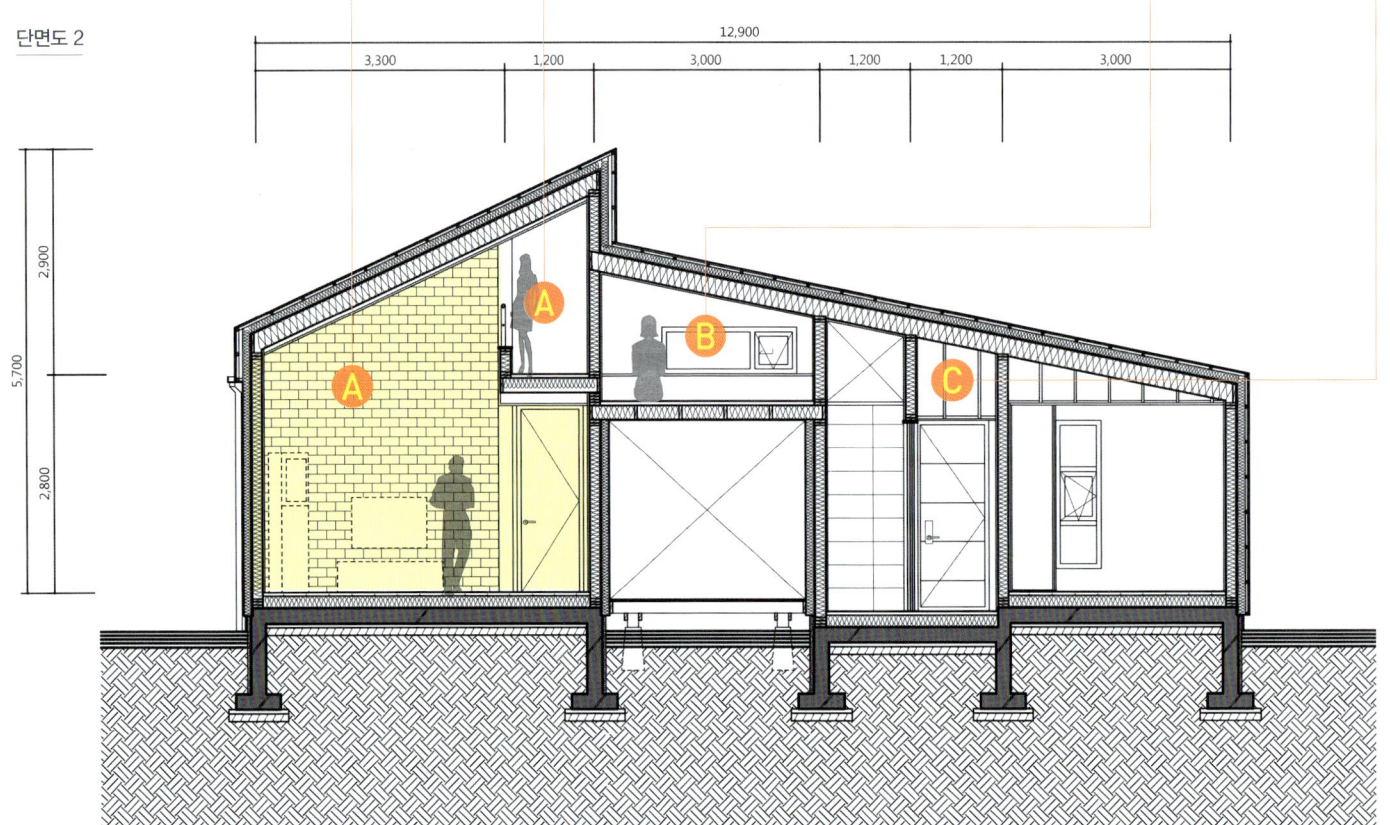

B AGIT POINT
중정 툇마루 상부에 있는 다락방은 편안히 누운 자세로 집의 정면조망을 바라볼 수 있으며 서늘하여 혼자 책을 보거나 숨어서 낮잠 자기 좋은 공간이다.

C AGIT POINT
현관에서도 사다리를 통해 직접 연결되는 다락이 있다. 이 공간은 잡동사니를 두는 창고로도 활용이 가능하다.

임소장's tip

디자인 주택으로
향하는 여정

:

건축가를 만나러
가는 길

건축주들이 집을 짓기로 마음먹고 설계할 사람을 찾을 때 보통 땅 인근의 설계사무소를 찾아가게 된다. 그냥저냥 방 3개, 화장실 2개 남향에 적절히, 이 정도가 요구조건의 전부라면 누가 디자인해도 상관없는 상황이고 설계에 들어가는 비용도 굉장히 저렴한 선에서 마무리된다. 집 짓는 시공자를 통해 설계를 하는 경우도 많다. 시공자가 제시한 도면을 지역 설계업체에서 인허가 대행비만 받고 처리해주는 식이다.

　　실제로 대다수의 집들이 이와 같은 과정으로 계획되고 지어진다. 문제는 우리 가족만의 '디자인 주택을 짓고 싶다'는 생각이 들었을 때 벌어진다.

집에 디자인을 넣기로 마음먹었으면 '그럴듯한 그림이 나와 주는' 건축가를 찾게 되는데, 일반인들에게 그런 건축가는 너무 멀게 느껴진다. 시공사도 마찬가지다. 제대로 디자인했다고 하였을 때, 그 디자인을 현실화시켜 줄 시공사는 또 어디에서 찾는단 말인가.

　　그러다보면 인터넷 정보에 의존하게 되고 여기저기 떠다니는

소문들을 주워 담다보면 다소 편협하고 왜곡된 정보에 노출되는 경우가 많다. 그렇지 않으려면 건축주는 어떻게 해야 하는가? 필드에서 활동하면서 설계자로서 생각해 본 '바람직한 건축주 행동 요령'이다.

집을 짓기로 하였다면, 그것도 제대로 디자인해서 집을 짓기로 했다면 국내 사례 중, 비교적 최근에 지어진 집 중에 마음에 드는 집 몇 곳을 스크랩한다. 외국 주택 사례는 기후, 주변 환경도 다를 뿐 아니라 국내에서 상용되는 자재들과도 차이가 있어 한계가 있다.

  스크랩한 집들을 디자인한 건축가를 직접 찾아가 상담을 한다. 그리고 그 집을 지은 시공사도 접촉해서 직접 만나본다. 이 과정을 몇 번만 해보면 답은 나오게 되어 있다.

건축가를 선택할 때는 그동안의 전작을 유심히 보면 그의 디자인 성향을 알 수 있는데, 그 분위기가 자신과 맞다고 여겨지면 어느 정도 코드가 맞다고 볼 수 있다. 다만, 그 건축가가 나의 의견과 예산 상황을 고려해 디자인해 줄 수 있는지는 만나서 대화해 보면 알 것이다.

  시공자는 더도 말고 덜도 말고 기존에 지었던 집의 수준이 어떠한지가 중요하다. 최근에 지었던 집뿐 아니라 3년 전쯤 지었던 집이 있다면 직접 가 눈으로 확인하고 운이 좋으면 집주인을 만나 경험담을 들어도 좋을 것이다.

  물론 현실적으로 남의 집에 찾아가 집짓는 과정을 물어보는 것이 쉽지 않고, 집주인이 시공자에 대한 불만을 일방적으로 쏟아낼 수 있는 것이기에 완전히 객관적이라고는 할 수 없다. 다만, 큰 하자나 A/S 문제 등은 알 수 있으니 도움이 될 것이다. 어차피 100점짜리 결과는 없으며 나에게 맞는 적정선을 찾으면 되는 것이다.

어느 날 갑자기 집을 짓겠다고 결심하고, 바로 실행에 옮기는 경우는 드물다. 일단 내가 어느 정도 시점에 집을 짓겠다고 마음 먹었다면 지금부터 천천히 내 집을 디자인해 줄 건축가, 집을 성실히 지어줄 시공자 콤비를 장기간 두고 지켜보는 것도 한 방법이라 하겠다.

AGIT HOUSE CASE 06

가족 구성원
부부 + 아들 1 + 딸 1

도로를 등지고 집을 앉히다
대전 죽동 주택

: 디자인 요구 조건

집은 향을 고려하여 북쪽 도로에 가깝게 앉혀서
볕이 좋은 마당 면적을 최대한 확보하길.
주차 공간은 건물 내부에 별도로 두고
도로에서 집으로 바로 진입할 수 있기를 원한다.

실내에는 별도의 서재가 있으면 좋겠고
아이들이 숨어서 놀 수 있는 공간도 필요하다.
단, 계단은 최대한 안전하게 제작되기를.

AGIT POINT

대전 주택의 아지트 포인트는 마당 앞 포켓공간과 실내 다락방이다. 여기에 스킵플로어로 구성된 주방도 다른 공간과 차별화되어 아늑한 가족만의 공간으로 연출된다.

대전 주택은 계획의 시작부터 자녀들이 중심에 있었다. 아이들을 좀 더 여유롭고 포근하게 키울 수 있는 공간을 만드는 데 최고 목적을 두었고, 따라서 과한 디자인적 요소보다는 안전하고 합리적인 공간 구조와 위화감이 덜한 편안한 형태가 요구되었다.

사실 택지지구의 주택이라는 것이 지나치게 디자인 중심으로 전개되다가 자칫 기본적인 생활공간을 불편하게 하는 결과를 낳기도 한다. 주택을 계획하면서 무던한 디자인을 원했던 건축주 부부와 우리의 디자인 아이덴티티 사이에 이견도 존재하긴 했다. 그러나 마당 공간 활용이나 실내 수납 아이디어, 숨는 놀이 공간 등에 대한 교감이 있었기에 디자인 자체는 순조롭게 진행되었다.

이 집은 북향인 도로 쪽에서 진입해서 남쪽 마당을 향해 선 배치로 디자인했기 때문에 현관 게이트의 모습이 무엇보다 고민 사항이었다. 건축주는 디자인 포인트를 주는 것을 망설일 정도로 무난한 디자인을 원했던 지라. 현관은 임팩트는 있으면서도 다소 얌전한 인상의 분위기를 표현하고자 애쓴 기억이 남는다.

외장과 진입부 디테일

집으로 들어가는 산뜻한 즐거움을 현관을 통해 주고자 했다. 도로면에 바짝 붙은 진입부이지만, 돌출부 없이 깔끔하게 마감하고 주차장도 건물 내로 인입시켰으며, 현관 부분은 살짝 오목하게 만들어 자연스러운 진입을 유도하였다.

창호 기밀 시공

목조방식의 창호 기밀법은 여러 가지 자재가 나와 있지만 콘크리트조의 경우는 다양하지 않다. 건축주가 여러 자재를 공부하다 발견한 '듀폰타이벡 타이트실 EXT'를 외부용 기밀테이프로 사용했으며, 실내 방향은 3M 제품을 시공하였다.

1

외벽 포인트

아연도컬러강판

로자산업 프린틸 0.5mm 아연도 컬러강판으로, 컬러는 진회색(0691)

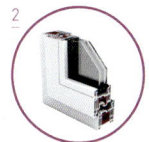

2

창호재

PVC 독일식 시스템창호

이건창호 PWS70TT 35mm 3중유리 시스템창호

3

주차장

셔터

금문시스템 KSD-GW01 우드 스기목패널

4

현관문

알루미늄 현관문

YKK W02으로 색상은 KX, 사이즈는 922×2,330mm

현관 상부 단면 상세도

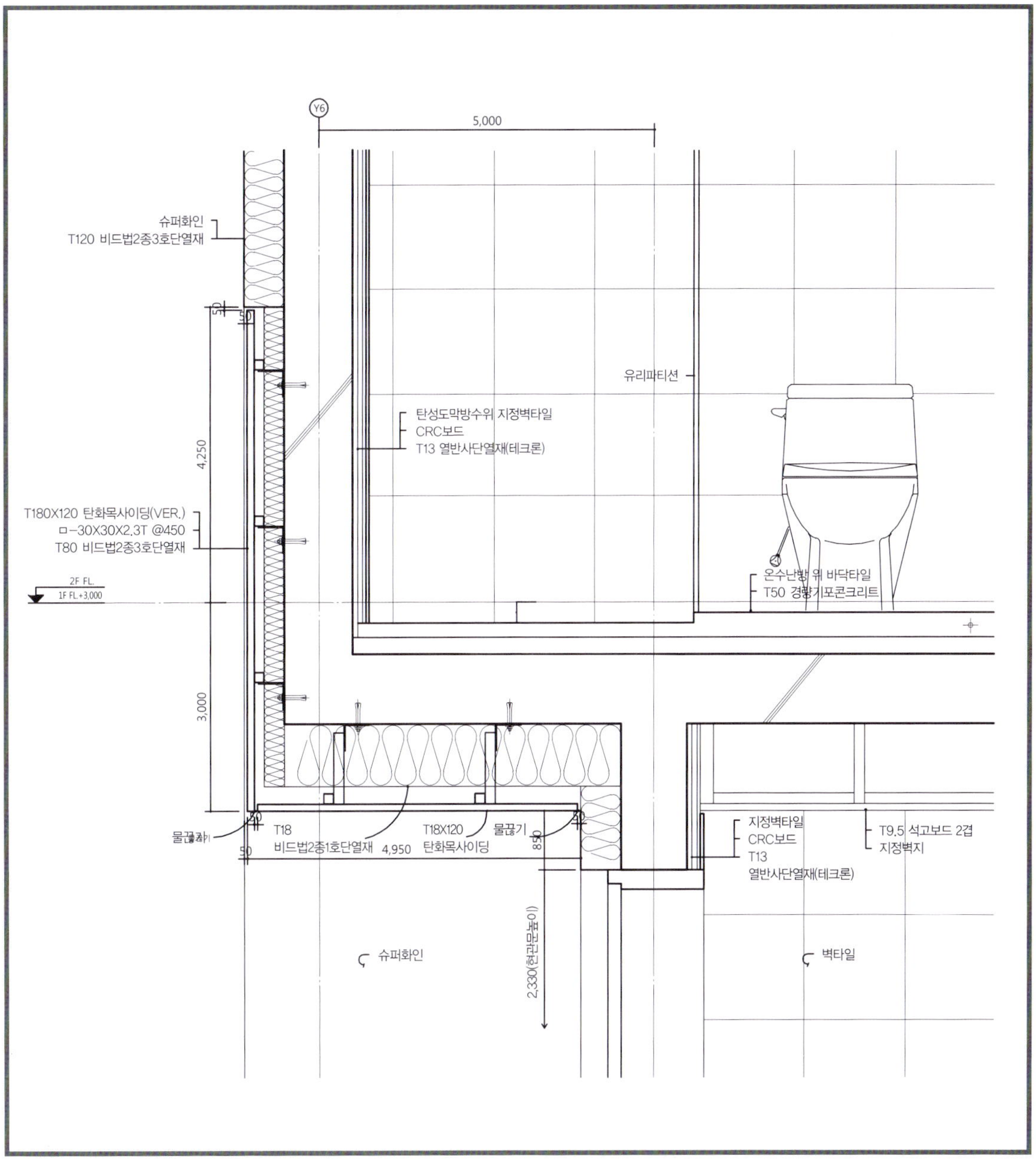

평면과 포켓 공간

B 화장실
현관에 가까운 포켓 화장실. 세면대를 밖으로 분리해 더욱 요긴하게 사용한다.

A 주방
주방은 거실과 함께 스킵플로어로 이루어져 있어 자연스럽게 가족실 같은 분위기를 풍긴다. 그레이톤의 주방가구로 튀지 않으면서도 개성 있는 느낌을 주고, 한쪽 벽을 파벽돌로 마감해 감각적인 공간을 만들었다.

C 거실
TV는 보지 않을 때 숨겨서 닫아 둘 수 있다. 문은 T8 에칭강화유리와 갈바 프레임 위 화이트 도장으로 제작했다.

AGIT POINT
마당 벤치의 포켓 공간에 어닝을 설치하니 마치 캠핑장에 온 것 같은 느낌을 선사한다.

1층 평면도

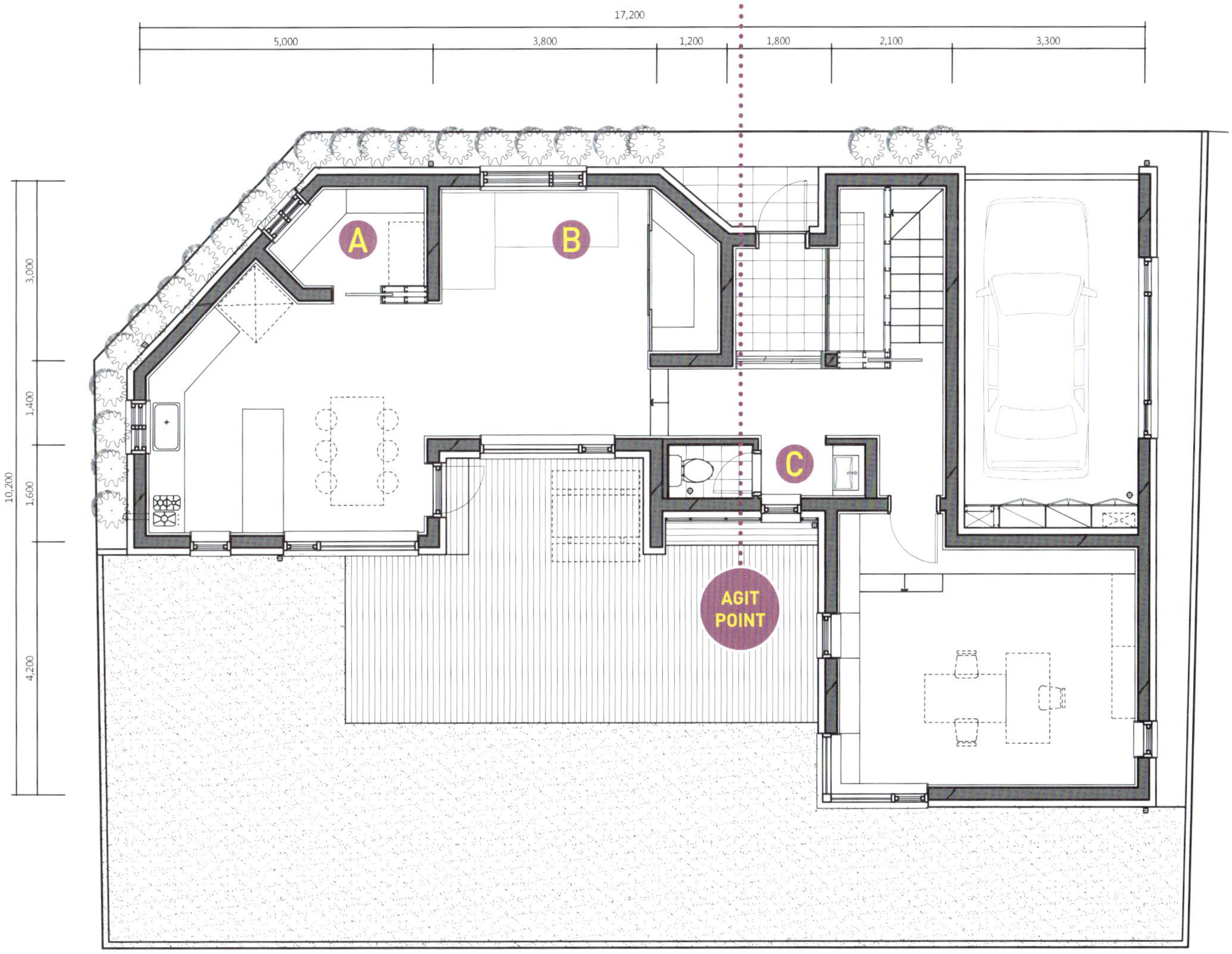

주차장과 옥상

- 콘크리트주택은 옥상이나 테라스를 만들어 활용할 수 있는 것이 강점이다. 대전 주택의 경우는 2층 테라스가 두 곳이 있는데, 이중 한 곳은 안방과 직접 연결되어 있다. 아이들이 어려 이 곳은 가족 테라스와 다름 없이 사용하고 있는데, 채광도 좋고 동네를 내려다볼 수 있는 높이라 전망도 그만이다. 바닥은 내구성이 좋은 하드우드 계열인 '꾸메아' 수종의 데크를 깔았다. 안방에서 출입하는 여닫이도어는 이건창호 제품이다.

- 2층 가운데 테라스는 세탁물을 널기 위한 용도로 쓰인다. 남의 이목 때문에 조금 안쪽에 위치해 뒀지만, 채광은 좋은 곳에 있다.

- 대전 주택의 야경 모습. 도로면, 옥상테라스, 마당이 저녁 무렵에도 밝다.

태양광 패널과 외벽에 설치된 태양광 계량기

대전 주택은 지붕경사를 활용하여 태양광 패널을 설치, 그 효과를 제법 보고 있다고 건축주가 후기를 전했다. 땅의 조건이나 지자체의 지원금 정책에 따라 시도해 볼 만하다.

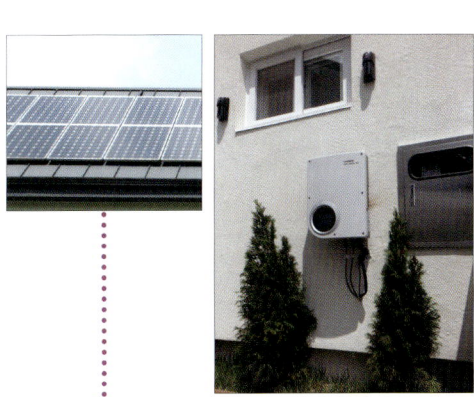

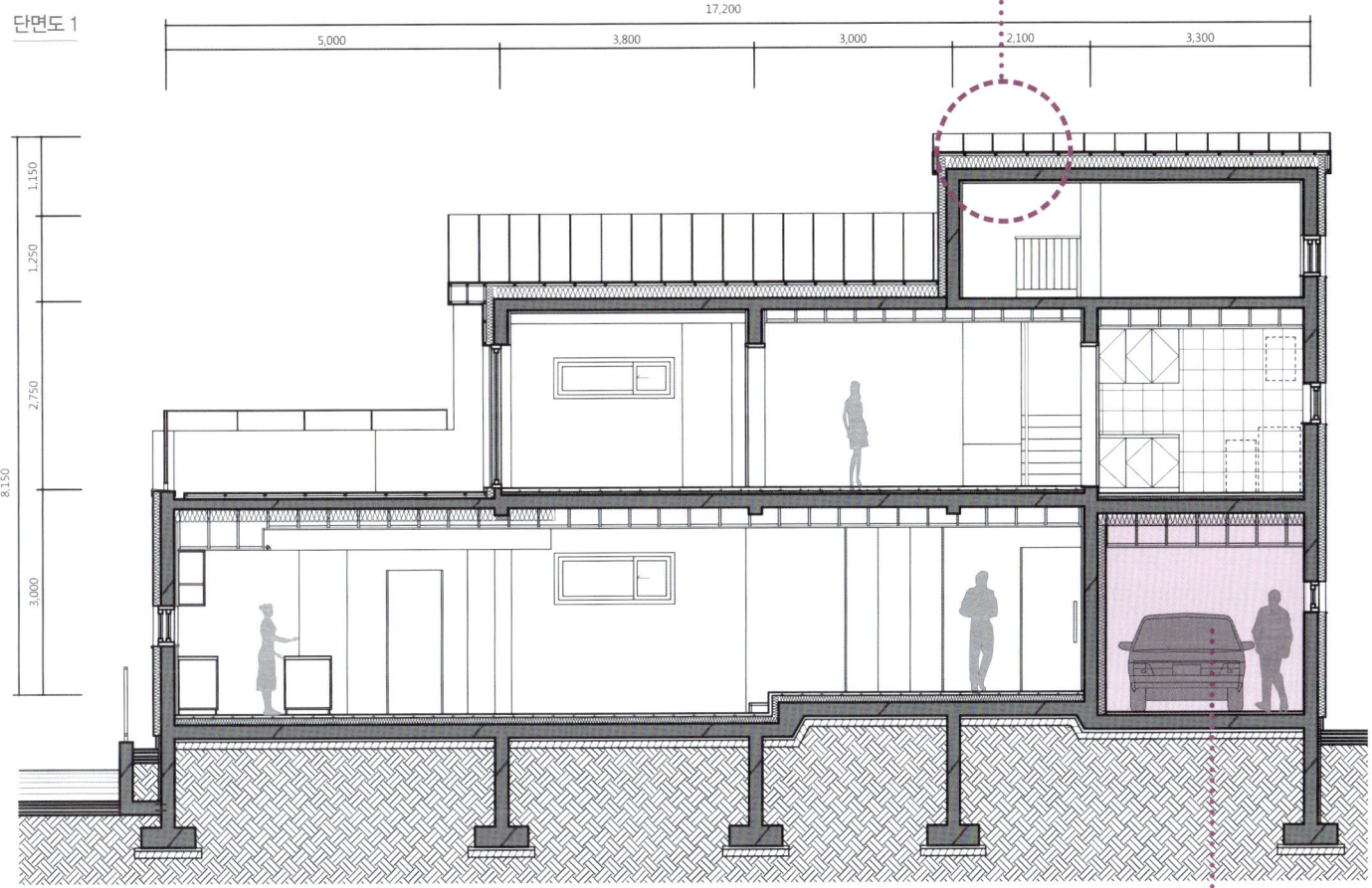

단면도 1

열회수환기장치 배관

실내 오염 공기와 외부의 깨끗한 공기를 전환해주는 열회수환기장치가 설치되어 있다. 필터를 교체하는 메인 부위는 주차장 내부에 설치되어 있다. 이 장치는 이미 여러 주택에서 실내공기정화, 온습도조절, 단열성능 향상에 확실한 도움을 주는 것으로 확인되고 있다.

개러지하우스

단독주택, 특히 택지지구 주택에 있어서 주차장 확보는 거의 필수적이다. 준공받을 때, 주차장 라인만 그어놓고 준공을 받은 후, 그 부분을 마당으로 전용한 후 차량은 도로에 세워놓게 되면 단지 내 교통여건이 나빠지고 차량관리도 잘 되지 않기 때문이다. 요즘엔 차 관리에 신경 쓰고 주차장을 제3의 공간으로 여기는 건축주들이 늘어나서 점차적으로 '개러지하우스'의 인기는 높아질 것으로 보인다.

풍요로운 단면과 다락

각 층의 방들은 복도로 나뉘어서 프라이버시를 보장 받는다. 반면, 공적공간은 남향 끝단에서 계단까지 시원하게 터 개방감을 줬다.

태양광 패널의 뒤쪽에 자리한 다락방. 아이들이 오르내리며 놀 수 있는 공간으로, 계단과 바로 연결되어 있다. 지붕면 경사 때문에 다락 내부의 공간이 여러 각도로 나뉘었다. 최초 설계와는 달리 히노끼루버로 마감하였다.

" 단면이 풍요로운 섹션구조.
골조도면의 뼈대에서부터 실내공간의 성격이 드러난다. "

단면도 2

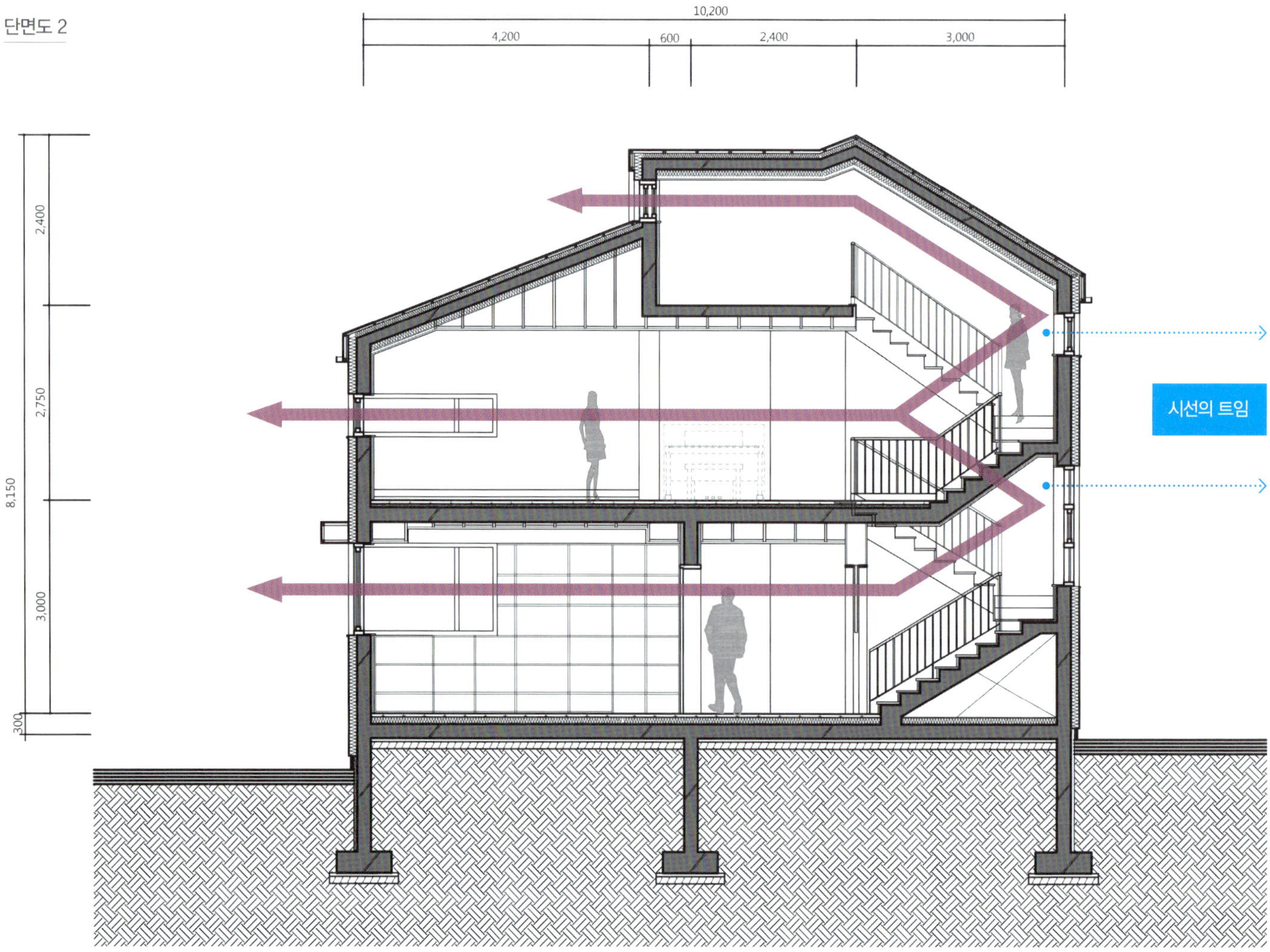

시선의 트임

건축 개요

대지위치 대전광역시 유성구 죽동 | **대지면적** 276.10㎡(83.66평) | **건물용도** 단독주택 | **건물규모** 1층 111.48㎡(33.78평) + 2층 85.00㎡(25.75평) + 다락층 32.40㎡(9.81평) | **구조** 철근콘크리트조 | **창호재** 이건창호(독일식시스템 PVC + 알루미늄) | **단열재** T120 비드법 2종(네오폴) + 내부 열반사단열재 | **외벽마감재** 아연도컬러강판, 테라코수퍼화인 | **내벽마감재** 벽 - 석고보드 위 합지벽지 / 바닥 - 강마루 | **지붕재** 0.5mm 아연도컬러강판 | **디자인** 홈스타일토토(임병훈 + 정신애 + 안영선) | **시공** 우진건업(임영묵) | **디자인기간** 2013.10 ~ 2013.12 | **시공기간** 2014.03 ~ 2014.07

임소장's tip

**결정장애에 빠진
건축주들에게**

:

**집의 스펙보다는
가족의 라이프스타일을 고민할 때**

우리는 집짓기를 하는 과정에서 무언가를 비워 나가기보다는 '평생에 이번 한 번뿐'이라는 모토 아래 많은 것들을 고르려 애쓴다.

이제껏 우리가 디자인한 집에 입주해서 잘 살고 계신 분들의 공통점은 이렇다. 집짓기에 관한 수많은 정보를 하나라도 놓칠까 수집하기보다는 자신과 가족의 삶에 대한 설명에 집중하고, 그것이 형상화되는 과정과 결과는 디자이너와 시공자에게 오롯이 맡겼던 분들이다.

태어나기 전의 아기 모습이 궁금해 인체에 좋지 않다는 삼차원 초음파도 서슴없이 하는 세상이다. 모든 것이 통제되고 결과를 예측하는 게 가능하다면 그건 재미없는 세상일 것이다. 건축주들은 지나친 지식 정보 쌓기로 자기 꾀에 자기가 넘어가는 우를 범하기 보다는 완급조절을 잘 하며 과정을 즐기길 바란다.

세상은 불평등하면서 절묘하게 공평하다는 생각이 들 때가 있다. 한동

안 단열재나 집의 에너지 성능과 관련하여 업계와 건축주들이 열광하던 시기가 있었다. 자재업계의 스펙 키우는 결국 자재값 상승, 건축비 상승으로 이어지는 요인이지만 어찌되었건 그것이 핫이슈였다. 예전에 엉망으로 지어진 집들을 떠올리는 건축주들은 집의 기본기에 지대한 관심을 갖고 '제대로 짓는 성능좋은 집'을 쫓아간다.

그러나 시대가 점점 아물어가서 이제는 단열에 관한 법규도 그 기준이 높아지고 법규만 지켜도 몇 년과는 비교도 안 되는 단열 성능을 가진 집이 만들어지는 시대가 되었다. 시공자가 그 자재를 얼마나 꼼꼼히 시공하느냐가 더 중요한 관건이 된 것이다. 모든 자재의 성능들이 그러한 추세다.

집의 성능이 웬만큼 갖춰지고 나니, 이젠 디자인 주택 시대가 되어 내집을 보다 아름답게 꾸미기 위한 건축주들의 관심이 높아지고 있다. 새집 살림이나 소품, 정원용품 등에 대한 해외직구도 큰 폭으로 늘었다. 불과 몇 년 사이의 변화라 할 수 있다.

조만간 어지간한 디자인은 기본이 되는 시대가 올 것이다. 물론 현재도 조금만 튀는 디자인이 나오면 동네방네 들썩이는 지역도 없지 않아 있지만, 인터넷의 발달로 적어도 욕구와 눈높이의 간극이 점차 줄어들고 있다. 앞으로 또 한 차례 디자인 폭풍이 불어닥칠 것이다.

그러다 그마저도 기본인 시대가 되면 그 다음부터는 주택에 대한 관심사가 아이러니하게도 '탈(脫)주택'이 되어 집 자체보다는 집에서 영위하는 생활에 초점을 맞추게 될지 모르겠다. 따라서 집에서 할 수 있는 아웃도어, 집에서 할 수 있는 놀이, 집꾸밈, 정원 등 이제는 단독주택 라이프의 소프트웨어를 다루게 될 것이다. 주택 생활의 밀도가 높아지면 그에 맞는 요구 사항들과 아이템들이 샘솟고, 이는 곧 아지트 주택의 도래로 봐도 무방하다.

그 시대가 되면 건축가는 무엇을 해야 하는지, 새삼 생각하게 되는 시기다.

AGIT HOUSE CASE 07

가족 구성원
어머니 + 부부 + 딸 1

스스로를 둘러싼 집, 수직으로 쌓아올리다
부여 가탑리 주택

: 디자인 요구 조건

노모를 위한 공간 고려가 첫번째,
거실과 주방은 탁 트여 한 공간으로 보이도록 하고
정면 출입구 부근에 처마를 두어
그 아래 앉아서 쉴 공간이 있었으면 한다.

다락 부위에 약간의 가족실도 가질 수 있을까?

AGIT POINT

부여 주택의 아지트 포인트는 다락 가족실이나 부부서재, 2층 테라스 등이 있지만, 무엇보다도 모든 공간에서 가운데의 마당으로 시선이 트여 있다는 것이 가장 큰 특징이라 할 수 있다.

부여는 익히 알고 있는 것처럼 백제의 옛 도읍지이다. 따라서 도시 전체가 문화재라고 할 수 있다. 여러 곳에서 발굴조사가 행해지고 있으며 집을 지을 때에도 굴착을 하다가 문화재가 나오면 손상이 될 우려가 있어, 건축 인허가 이전에 '발굴 허가'라는 것을 받아야 한다.

건축 예정지 중 몇 군데를 시험적으로 파 보는 약식 과정을 먼지 진행하고, 이 중에 뭐라도 발견되면 전체적으로 땅을 절개하는 정식 과정이 이어진다. 이 주택은 약식발굴 도중 와편이 나와서 전반적인 발굴을 진행했는데, 결국 고고학적으로 크게 중요한 유물이나 유적이 나오지는 않아서 건축을 진행해도 좋다는 통보를 받게 되었다. 그러면서 무려 5개월이 흘렀다.

도로와 상수도 문제, 기초 터파기에 물이 계속해서 나오던 일 같은 것은 오히려 부수적이었다. 집짓기가 힘들다곤 하지만, 이 집은 땅을 둘러싼 여건이 집을 짓지 말고 포기하라는 쪽에 더 가까운 상황이었다.

그러나 건축주분 특유의 우직함과 기다림으로 결국 부여에서 꽤나 독특한 집으로 입소문을 타게 되었고 집을 지어가며 전체적인 모양이 잡혀가자 등산객이나 주변을 지나던 행인들도 이집이 카페나 펜션인 줄 알고 들어와 보려는 일이 왕왕 생겼다. 순찰을 돌던 경찰차까지도 집이 궁금해 들어와 보았다는 이야기를 들었다.

조용한 옛 동네에 무슨 UFO가 내려앉았나 싶었을까. 그만큼 디자인 주택이 여러 사람의 눈에 아직도 낯선 모습인 것이다.

건축 개요

대지위치 충청남도 부여군 가탑리 | **대지면적** 331㎡(100.30평) | **건물용도** 단독주택 | **건물규모** 1층 75.15㎡(22.77평) + 2층 35.52㎡(10.76평) + 다락층 20.29㎡(6.14평) | **구조** 경량목구조 | **창호재** 베카 독일식 시스템창호 | **단열재** R19 그라스울 + 50mm 비드법 단열재 | **외벽마감재** 아연도컬러강판, 테라코수퍼화인 | **내벽마감재** 벽 - 석고보드 위 친환경도장 / 바닥 - 강마루 | **지붕재** 0.5mm 아연도컬러강판 | **디자인** 홈스타일토토(임병훈 + 정신애 + 안영선) | **시공** 집을그리다(이중재) | **디자인기간** 2013.02 ~ 2013.04 | **시공기간** 2014.05 ~ 2014.08

프라이버시를 위한 배치

부여 대지는 소위 '산 좋고 물 좋은' 그런 땅이 아니다. 도심도 아니고 시골도 아닌, 애매한 입지랄까. 면적에 비해 좌우 폭은 좁고 동쪽으로는 구거가 흘러 습이나 냄새도 우려되는 땅이었다. 구거 건너편으로는 빌라 몇 동이 서 있었는데, 새로 짓는 빌라들도 전부 이 땅을 내려다보는 모양으로 배치되어 있었다. 땅을 지켜보고 있자니, 뒤편의 교육청 건물 부속 테니스장에 조명까지 켜졌다. 더 생각할 것도 없이, 이 땅에 집을 짓는다고 하면 무조건 '프라이버시 보호'를 최우선 과제로 삼아야 했다.

결국 꺼내든 안은 '중정이 있는 도심형 주택'이었다. 동쪽 빌라 방향의 많은 눈길을 피하기 위해 일단 집의 주된 덩어리를 동쪽으로 배치했다. 남쪽 정면에서는 빌라로 통하는 길이 있는데, 그 방향에서도 집이 직접적으로 들여다보이지 않도록 형태를 꺾었다. 전체적으로 동쪽이 가장 높고 그 다음 남쪽, 그리고 북쪽과 서쪽이 트여 있도록 하였다.

• 동쪽에서 바라 봄

• 부여 주택의 모형

1층 평면도

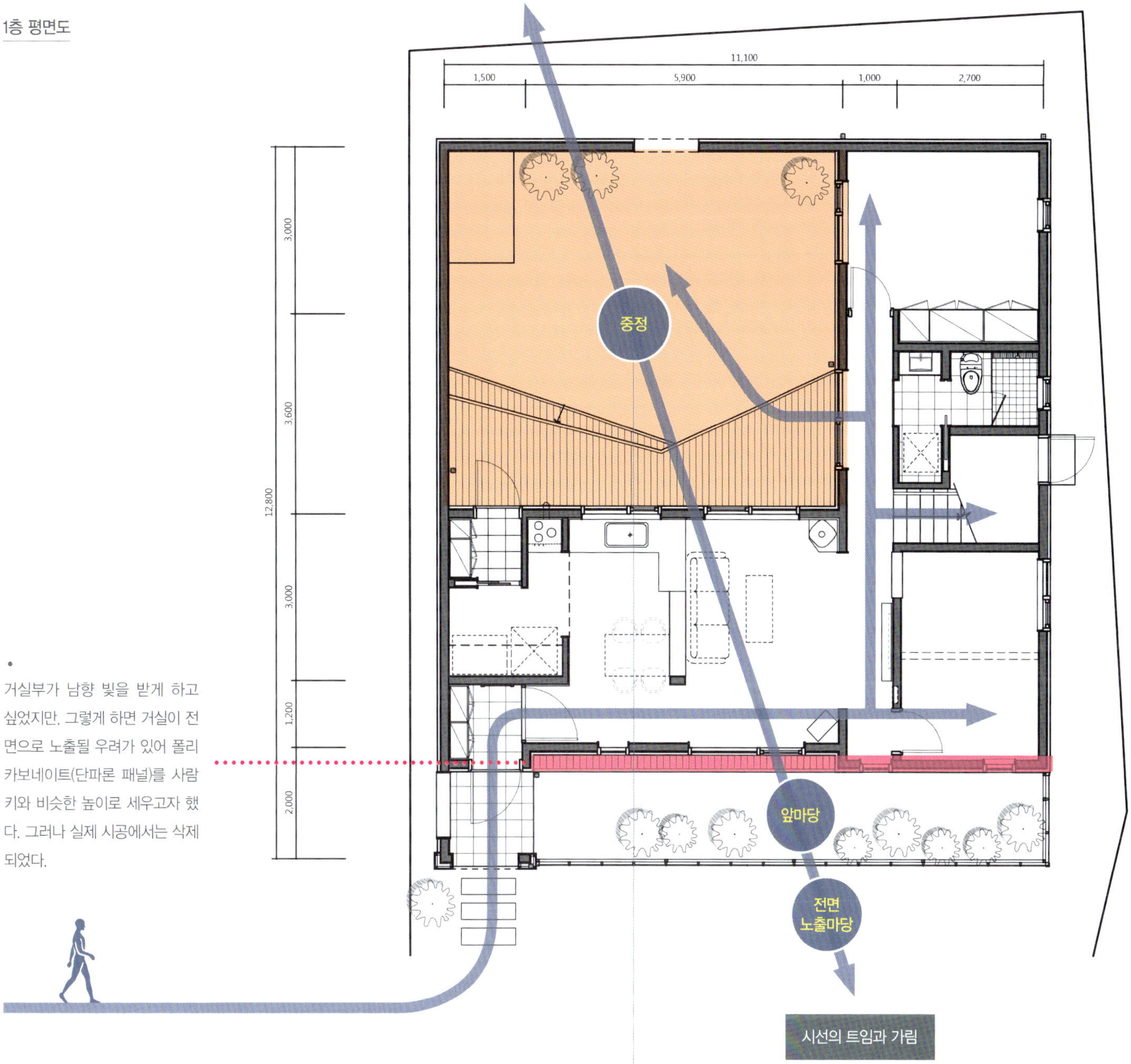

• 거실부가 남향 빛을 받게 하고 싶었지만, 그렇게 하면 거실이 전면으로 노출될 우려가 있어 폴리카보네이트(단파론 패널)를 사람 키와 비슷한 높이로 세우고자 했다. 그러나 실제 시공에서는 삭제되었다.

중정 / 앞마당 / 전면 노출마당 / 시선의 트임과 가림

• 중정의 모습

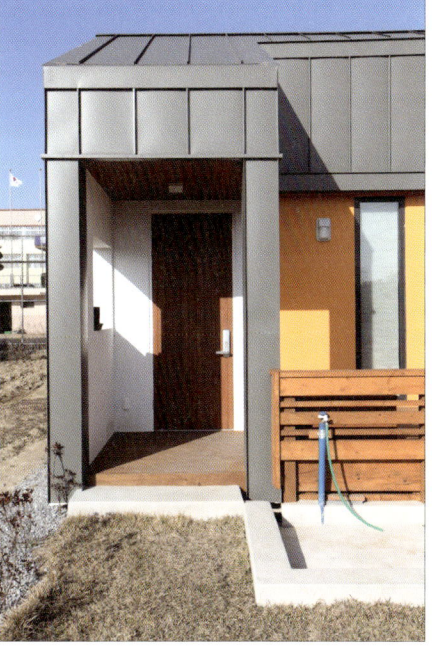

전면은 집의 정면이고 남향이어서 밝게 드러나야 하는 곳이지만, 주변 동선에 지나치게 노출된 조건이어서 이중적인 상황을 잘 조율해야 했다. 단독주택을 짓는 이유 중 가장 큰 동기는 아마도 마당의 활용일 터. 남북으로 긴 대지를 마당의 관점으로 3등분으로 나누어 활용키로 했다. 전면 마당은 조경과 텃밭, 주차 등 '조성'하는 마당으로 삼고, 거실 전면 마당은 폴리카보네이트 반투명 벽체로 막아서 빛은 들어오되 시선은 차단시키고자 했다.

이 부분은 아파트의 베란다 같은 공간으로 삼아서 남의 시선을 신경 쓰지 않으면서 쉽게 들락거릴 수 있도록 하고자 했다. 이 곳에는 흙을 깔고 관목 등으로 식재를 하여 쌈지공원처럼 만들려 했는데, 실제 시공 과정에서 목재 데크로 변경되었다.

가장 안쪽에 자리한 중정은 그야말로 가족만의 프라이빗한 공간이며, 집의 거의 모든 부분에서 이 중정을 바라다보일 수 있도록 디자인했다.

퍼즐 같은 배치의 내부 공간

A 경사지붕 모양을 살린 안방
낮은 천장고를 극복하기 위해 천창을 설치하였다. 경사진 면으로 붙박이장을 짜넣기가 까다로웠지만, 인테리어 목수분이 오크 원목을 활용해 튼튼하고 실용적인 붙박이장을 만들어주셨다.

B 각층 화장실
1층 화장실(좌)과 2층 화장실(우)은 건식공간과 습식공간을 나누어 쓰게끔 의도했다.

단면도 1

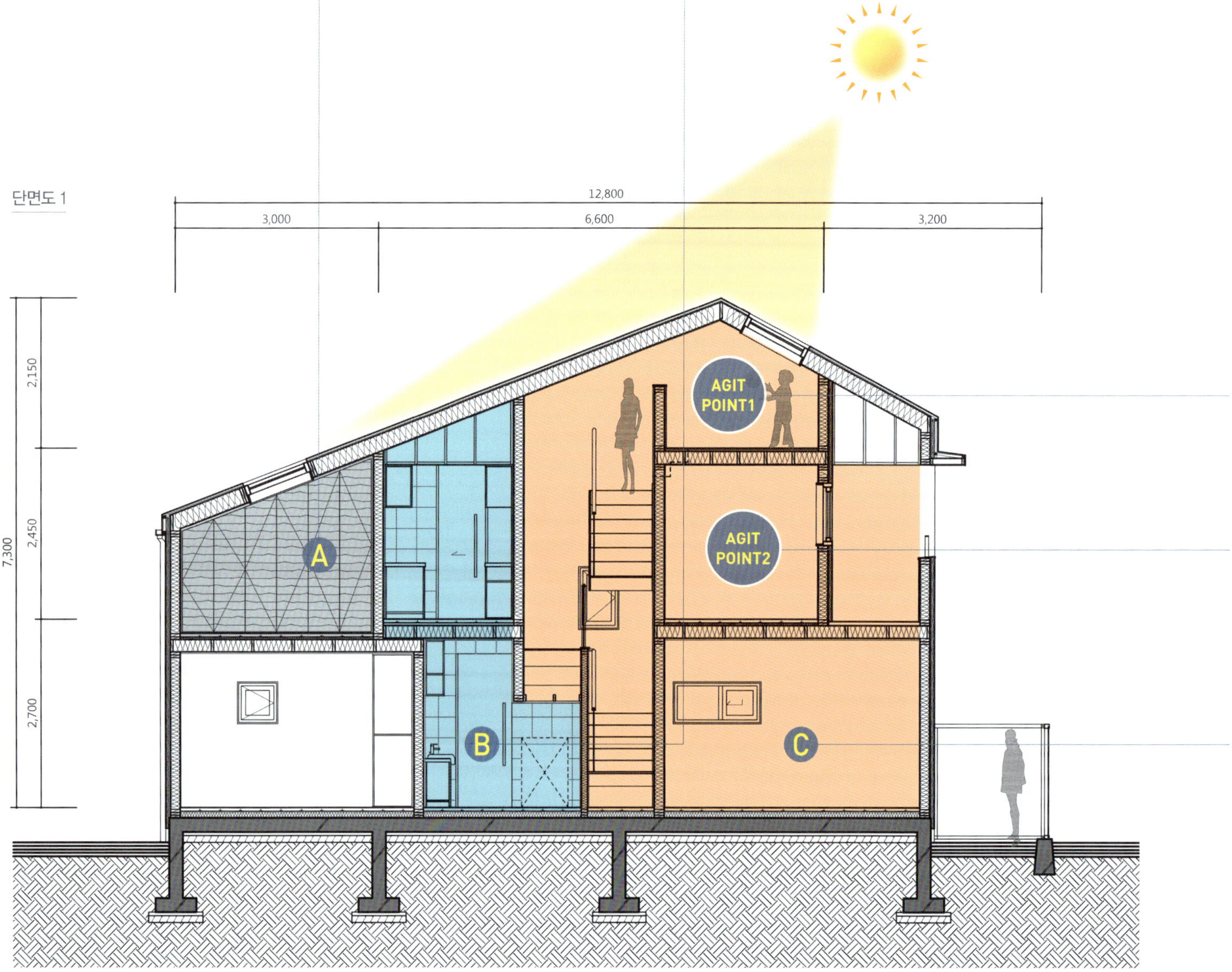

AGIT POINT 1

계단을 따라 올라가면 이집에서 가장 조용한 공간인 다락 서재가 나타난다. 천창을 통해 채광을 해결하고 테이블 앞의 창문으로는 중정이 내려다보인다. 계단은 각 공간을 연결하는 통로 역할을 하며 폐쇄적이지 않은 개방적인 공간을 만든다.

C 자녀방
가장 따뜻한 곳에 위치한 딸아이방

AGIT POINT 2

이 집은 부부 서재가 별도의 방으로 구성되어 있다. 향 조건이 좋지 않은 곳은 잠을 자는 침실 공간으로 활용하고, 자주 이용하게 되는 서재는 조망과 향이 좋은 곳으로 배치했다. 서재에서는 외부로 나갈 수 있는 테라스가 연결되어 있다.

내부 시선과 자재

창호 공틀
엘더목
20mm 두께의 엘더목을 이용해 새시 공틀을 짰다.

실내 포인트벽
자작나무 합판
4mm 두께 자작나무 합판을 조합해서 제작했다.

실내도어 손잡이
도무스
알루미늄 소재의 검정색 방문 손잡이 703BK

벽면 벤자민 무어 친환경페인트

기본색	복도	계단실	2층
ballet white OC-9	dunmore cream HC-29	montpelier AF-555	newburyport blue HC-155

D 시선이 트인 거실

작은 면적의 주택에서 공간을 터서 쓰는 건 필연적이다. 그러나 공간을 트는 것보다 더 중요한 것은 시선의 트임이다. 시선이 시작된 곳에서 멈추는 곳까지의 깊이감이 공간을 더 풍요롭게 만든다. 부여 주택의 거실에서는 양쪽으로 정면 마당과 중정을 동시에 바라볼 수 있다. 각 실에서의 시선 역시 중정을 향한다.

단면도 2

12,800 / 6,600 / 4,200 / 2,000

시선의 모임 — D — AGIT POINT3

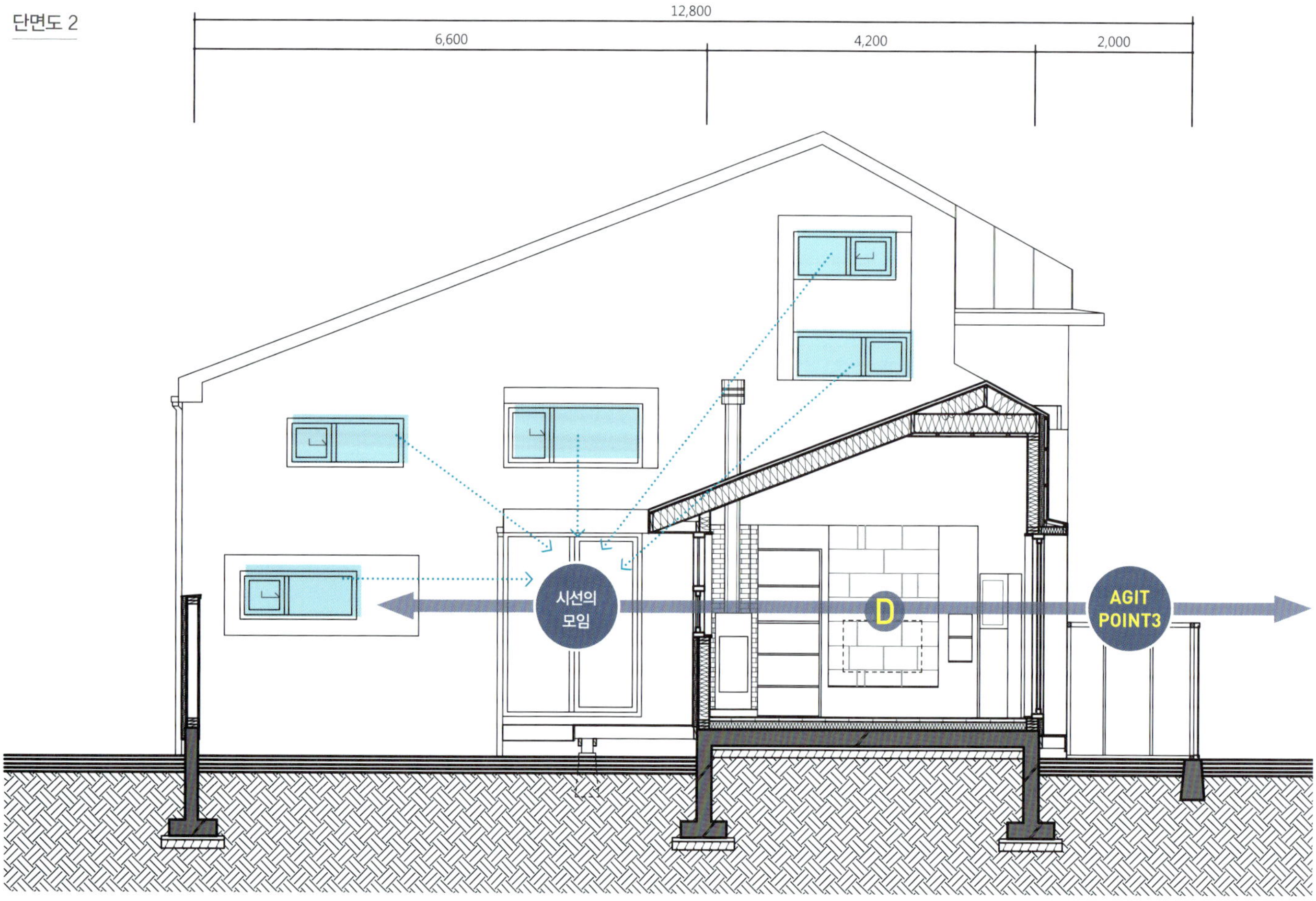

• 시공 포인트

• 외벽 창호 하단의 강판 후레싱은 물을 끊어 벽으로 오염물질이 흘러내리는 것을 방지한다.

• 지붕 단열 강화를 위해 샌드위치 패널을 추가로 얹었다.

• 경사면에 붙작이장 짜기

• 에어가드 역할의 비닐 래핑

AGIT POINT 3
전면 마당과 거실 사이의 공간은 건축주의 의견을 받아들여 목재 데크로 시공했다. 정면에서 좀더 잘 들여다보이는 단점은 있지만, 거실에 연계해 이용하기 좋은 공간이 되었다.

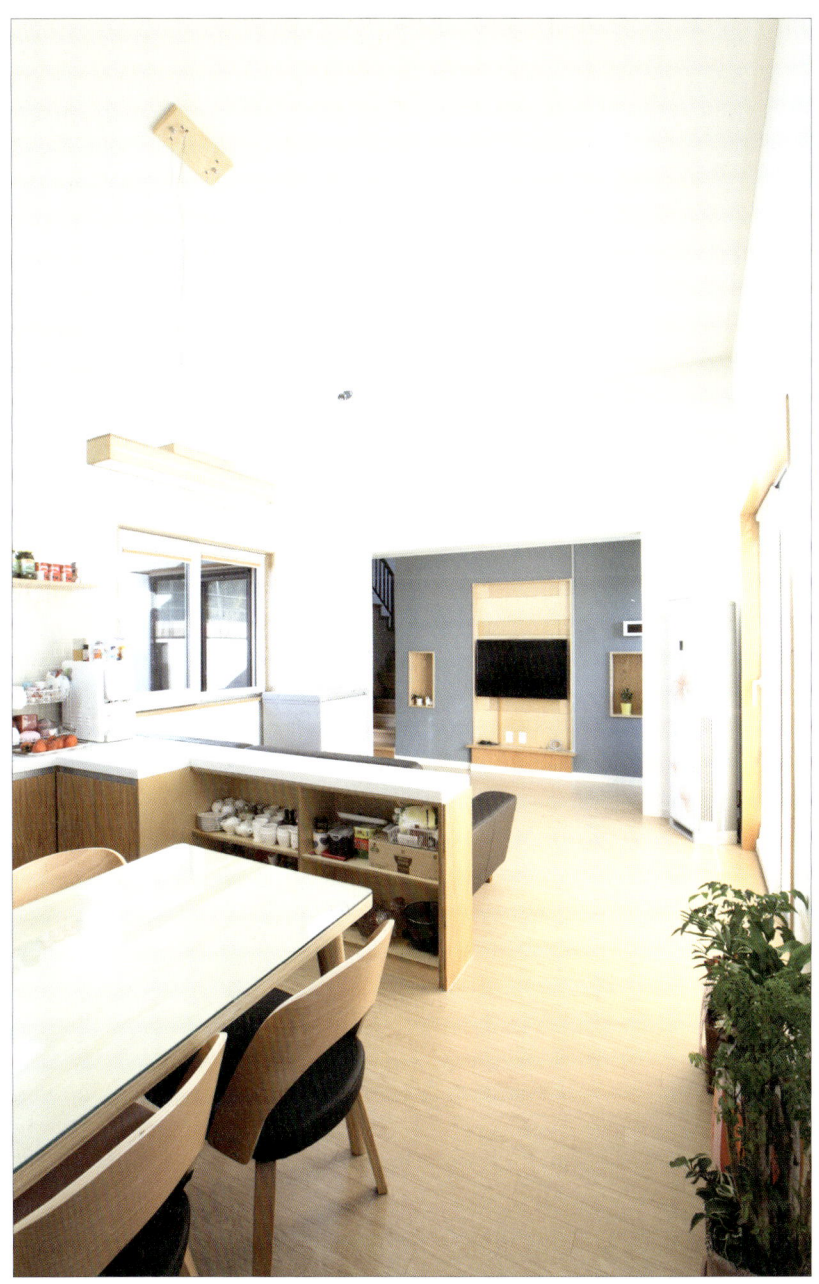

거실에서 TV의 존재는 항상 필요악이거나 계륵 같은 존재이기 쉽다. 그래서 최근에는 단독주택을 계획할 때 거실에서 TV를 없애는 분위기도 많다. 반면 TV를 어쩔 수 없이 거실에 두고자 할 때는 바늘과 실처럼 따라오는 것이 소파이다. 부여 주택의 경우에도 소파와 TV간의 관계를 평면배치에서 어떻게 풀어내느냐가 관건이었고 소파는 아일랜드 주방에 낮게 붙이고 맞은 편 TV는 따로 아트월을 하지 않고 복도에 적절히 매입해 설치하는 것으로 방향을 잡았다. 거실과 복도 사이는 액자식으로 개구부를 내고, TV벽은 그레이 컬러로 도장하였다.

임소장's tip

삶에 힐링을 선물하는
집짓기

:

제대로 된
디자인 도면으로 시작하자

군대에 가면 굳이 전문가가 아니더라도 우르르 달려들어 막사도 짓고, 초소도 만들고 다한다. 나는 오늘의 대한민국이 이 군대문화가 있었기에 강인하게 발전할 수 있었다고도 생각하지만, 지금처럼 먹고 살만해진 시절의 관점으로는 조금 걸림돌이 된다는 생각도 든다.

즉, 분야별 전문성을 인정하지 않는 분위기가 사회적으로 팽배해 있어서 사람들 사이에서는 소위 '나도 해봐서 아는데…'라는 문화가 내재된 것이다. 물론 동네 할아버지의 말씀처럼 집도 '어떻게든 지어지게는' 되어 있지만 말이다.

조금은 예쁘고 멋진 집, 세련된 공간을 체험하고자 하는 이라면 약간의 비용을 들여 훨씬 남다른 디자인을 얻을 수 있다. 요즘처럼 주택 디자인쪽에 고급인력이 넘쳐나는 시대도 일찍이 없었으며, 70년대 이래로 아파트보다도 우리 가족만의 단독주택을 짓겠다는 마음을 먹는 분들도 거의 최고치에 달해 있다. 초기 디자인을 잘해서 집짓기에 성공해야겠다는 생각을 가진 이들도 많아지고 있다. 디자인 과정에 용기를 가지고 과감히 시작하길 바란다.

그 과정을 건너뛰고 몇 장 안되는 인허가만을 위한 도면과, 얼기설기 맞지도 않는 견적서로 공사를 시작하면 마음에 들지 않는 집의 모양과 시공자와의 트러블 등. 집짓는 데 십년감수라는 말이 시작될 수 있다. 시공사에 대한 불신들도 많은데, 가장 큰 원인은 건축주가 제대로 견적이 나올 수 있는 토대를 마련해 주지 않은 것도 있다. 그 토대란 바로 상세히 작성된 디자인 도면이다.

제대로 된 디자인 도면의 힘은 집의 미적 퀄리티를 높여주며 추가 공사비를 방지한다. 집안 곳곳 상세한 부분의 자재를 디자인 단계에서 전부 기입하게 하고 건축주의 예산을 잘 청취해서 일정기간 디자인 숙성을 거쳐서 작성된 도면은 시공 오차, 건축비 오차를 줄이고 집짓기를 진행할 수 있도록 하는 밑거름이 되는 것이다.

요즘에는 단독주택 짓기가 일종의 사람이 하는 영역 표시가 아닐까 생각해 본다. 모든 동식물은 제나름의 방법으로 영역 표시를 한다. 인간은 그런 화학적이고 물리적인 센서를 잃어버린 지 오래되었고, 그 원인을 모른 채 비실비실 살아왔다.

집을 짓고 입주한 건축주들이 하나 같이 하는 말이 있다. 짓는 과정은 고생스러웠지만, 살기 시작하면 바로 힐링이 된다는 것. 바로 자신의 영역 표시를 마음껏 할 수 있어서 아닐까?

오디오 볼륨을 최대한 높이고 뜀박질 하기, 요리하며 맘껏 냄새 피우기, 마당에 나가 볕을 쬐며 낮잠자기, 친구들과 밤샘 파티하기! 별 시시한 것들이 가능해지면서 집짓기는 삶에 힐링을 선물한다.

AGIT HOUSE CASE 08

가족 구성원
부부 + 아들 1 + 딸 1

주방 중심의 입체적 실내 공간
춘천 만천리 주택

: 디자인 요구 조건

외관은 쉽게 오염되지 않는 자재로 유지·관리를 유용하게,
지붕선은 뒷집 채광을 가리지 않되
다소 굵은 지붕 라인으로 장중한 느낌이 들게끔!

집으로 들어가는 현관 포치는 깊이감 있게 만들고
2층은 자녀방을 예비로 두되 평소에는 서재로 쓸 수 있었으면.
주방과 거실의 공용 공간은 확 트여 시원하게,
1층은 안방-드레스룸-화장실로 이어지는 자연스러운 동선으로,
특히 화장실은 안방과 복도에서 동시에 이용할 수 있도록!

AGIT POINT

춘천 주택의 아지트 포인트는 가족들이 있는 방향으로 탁 트인 주방 공간이다. 끼니를 준비하러 들어가는 주방이 아니라, 요리가 절로 하고 싶어지는 주방을 만들었다. 덕분에 가족들은 주방에서 모이고 흩어진다.

춘천 주택 건축주와 연락을 주고받은 것은 디자인을 맡기 한참 전의 일이었다. 전화가 한 통 왔었고 현장이 춘천이라, 춘천이 고향인 동료 이야기를 섞어가며 건축주와 통성명을 하고 나중을 기약한 기억을 가지고 있었다. 이후 건축주 부부는 나름대로 이런저런 시공사들과 미팅을 하며 집짓기를 꾸준히 준비했던 모양이다. 다시 연락이 왔을 때는 이미 우리에게 디자인을 받아서 춘천에서 짓겠다는 나름의 결론을 내리신 상태였다. 은퇴를 앞둔 50대 부부에게 있어 '디자인 비용을 들여서 집을 짓겠다'는 결론은 쉬운 선택은 아니었으리라 생각한다.

대개 연령대가 있는 건축주들은 '집이 이러이러했으면 한다'고 밑그림까지 그려오는 경우가 많고, 그 범위를 벗어나려 하지 않으려 한다. 반면, 춘천 건축주 부부는 건축가의 젊은 감각을 활용하되, 다만 집 안팎이 화사하기보다는 다소 점잖게 마무리되기를 원했고, 몇 차례 디자인 수정을 거쳐 방향이 잡혔다.

건축주 부부가 일하는 사람들 입장을 많이 배려해 주셔서 건축 과정이 난관에 부딪힐 때마다 적절히 타협점을 찾아갔다. 부부는 우리가 현장을 방문할 때면 항상 맛있는 음식점에 데려가 주셨다. '나이 들면 뭘 먹어도 맛이 없다'고 우스개 섞인 푸념을 하면서.

이들이 남은 절반의 인생은 새로운 집에서 활기차게 시작하셨으면 한다. '매일 집에 있어도 항상 새로운' 이 집에서 말이다.

건축 개요

대지위치 강원도 춘천시 동면 만천리 | **대지면적** 789㎡(239평) | **건물규모** 1층 77.17㎡(23.38평) + 2층 40.57㎡(12.29평) = 117.74㎡(35.67평) | **구조** 경량목구조 | **창호재** 독일식 시스템창호(알파칸) | **단열재** 셀룰로오즈 | **외벽마감재** KMEW 세라믹사이딩 | **내벽마감재** 벽 – 석고보드 위 합지벽지 / 바닥 – 강마루 | **지붕재** 아연도컬러강판 | **디자인** 홈스타일토토(임병훈 + 정신애 + 안영선) | **시공** 정도건축 | **디자인기간** 2003.11 ~ 2014.02 | **시공기간** 2014.05 ~ 2014.07

외장 시공 포인트

" 건축주는 모던한 주택이지만 가벼워
보이지 않도록 무게감 있는 지붕선을 원했다 "

형태에 따라 자연스럽게 구성된 현관 포치

건축주는 형태가 모던한 집이더라도 캐노피와 기둥이 있어서 처마가 있는 현관 포치를 원했다. 그것을 고전적인 형태로 만들기보다는 커다란 게이트 형태로 풀어내었다. 결과적으로 남쪽 마당을 향해 한껏 열린 처마는 비를 피할 수 있는 장소가 되었다.

시공 디테일 A(p123)

외벽에 기대는 툇마루

시공 디테일 B(p123)

단차가 있는 외부 데크

자주 밟게 되는 현관 쪽은 석재를 깔아 낮은 데크를 만들어 관리를 쉽게 했다. 대신 게스트룸 앞쪽으로 단차를 두어 잔디마당에 걸맞는 목재 데크를 만들었다. 이곳은 손님이 오면 티타임을 나눌 수 있는 테이블이 놓여질 예정이다.

지붕재

0.5㎜ 두께의 아연도컬러강판으로, 블랙 컬러를 선택했다.

외벽재

전체를 두 가지 색(카로화이트 + 카로차콜브라운)의 KMEW사이딩을 조합해 마감했다. 애초 디자인은 벽체 마감재로 스터코플렉스를 계획했지만, 내오염성에 대한 시공사 추천으로 건축주는 세라믹사이딩으로 변경 결정했다.

KMEW사이딩은 14㎜ 두께에 기본 사이즈가 455×3,030㎜이다. 창의 위치와 크기를 잡을 때 최대한 손실을 줄이는 방안을 모색해야 하지만, 원래 스터코 마감으로 완료된 디자인이었기에 어쩔 수 없는 로스가 발생했다. 90도로 꺾이는 모서리는 전용 자재와 부자재를 사용해 시공하였고, 그 외 각도로 꺾이는 부분은 오픈 조인트로 시공한 후 코킹 마감하였다.

조망 방향으로 뚫린 2층 창

돌출 부위들은 방과 선반 등의 실내공간을 만들고 있다. 조망이 마을 방향을 향하고 있어서 저녁 야경이 특히 멋진 곳이다.

LPG 열원

취사와 난방을 겸하여 설치한 200㎏의 LPG탱크

평면과 동선 구성

1층 평면도

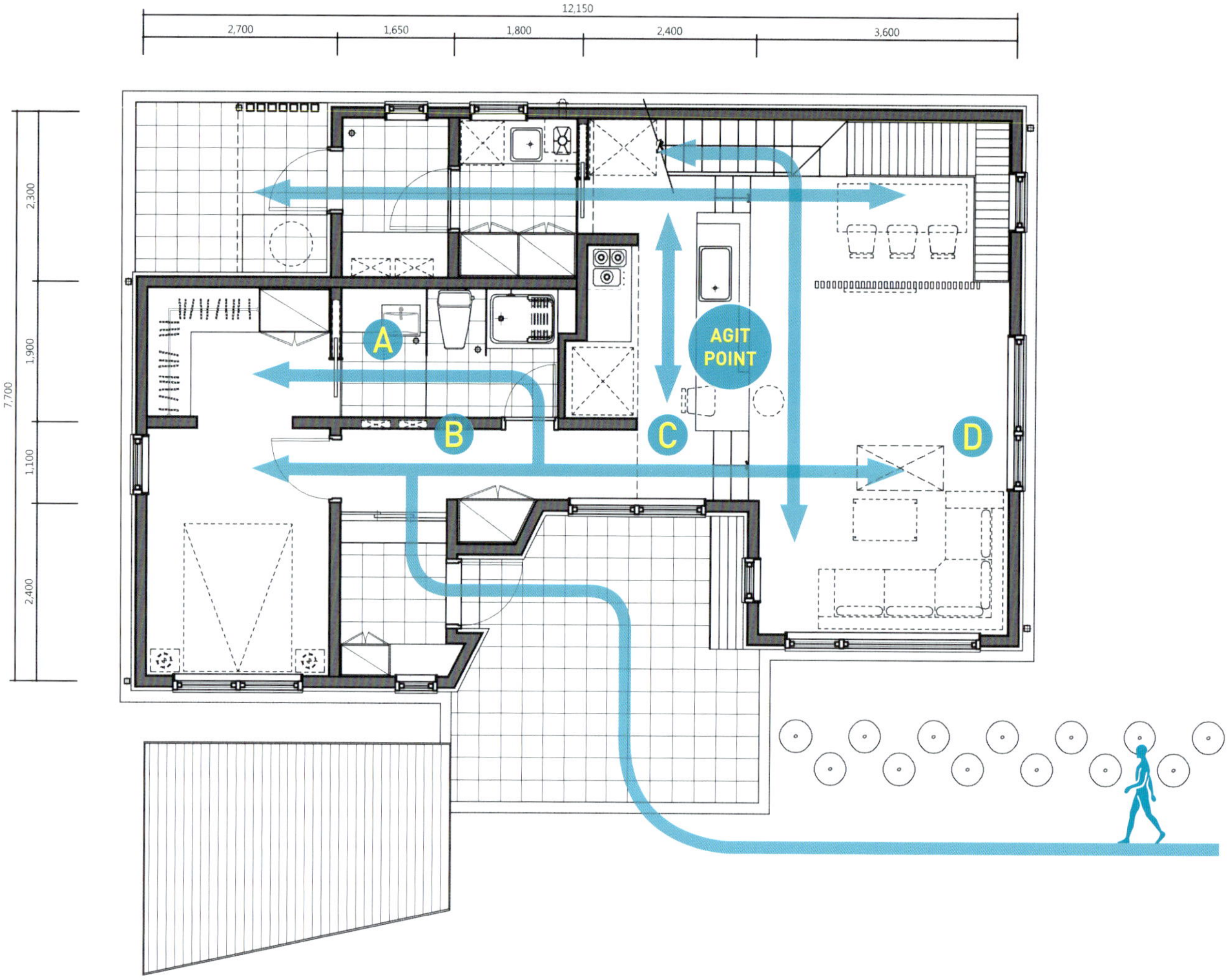

AGIT POINT
안방에서 주방을 거쳐 거실까지. 1층은 온전히 안주인의 공간이 되었다. 입주 후 자신의 메인공간인 주방에서 요리 솜씨를 뽐내는 건축주

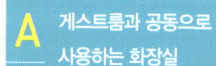

A 게스트룸과 공동으로 사용하는 화장실

B 거실로 향하는 복도

자재 리스트

C 주방에서 거실을 바라봄

'입장이 다르다'라는 표현처럼 실내에서는 사람이 서 있는 위치나 레벨 차만 가지고도 입체적인 공간감을 느낄 수 있다. 거실의 단차를 들어올린 덕분에 거실에서는 아래로 주방을, 위로는 2층을 동시에 바라볼 수 있는 열린 시야를 가진다.

1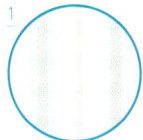
합지벽지
did벽지
에피소드 스카치화이트

2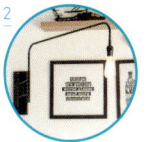
식탁등
공간조명
엔프리 벽등

3
거실등
비비나라이팅
직부 바리솔

4
주방가구
한샘
7000유로 프리미엄
우드 하이그로시

5
창호
알파칸 3중 로이유리 독일식 시스템창호

건축주는 터닝 방식의 창호를 선호하지 않아 환기창 부분의 개폐방식을 TILT/LIFT SLIDING 방식으로 선택했다. 이 경우 하드웨어 값이 상승하게 된다.

6
계단과 벤치
러시아산 24mm 자작나무 합판

단차와 1, 2층을 이어주는 계단. 코지 공간의 벤치 등은 자작나무 합판을 이용해 현장에서 제작했다.

D 거실에서 주방을 바라봄

거실과 주방을 중심으로 모든 동선이 연결되어 있기에 각 공간은 개방적으로 소통한다. 아파트 같은 전형적인 공간을 탈피하고자 했던 건축주 부부의 바람은 이처럼 탁 트인 주방과 입체적인 공간으로 빚어졌다.

7
오픈 공간 장선
PSL 공학용목재
6×12(inch)×7.32m

8
복도 펜던트
공간조명
요조비 펜던트

9
합지벽지
did 벽지
에피소드 티어드롭블랙

10
마루재
LG 강그린바이오
소프트티크

11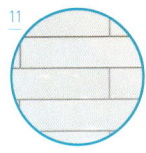
타일

밝은 색 타일에는 유색 줄눈을 넣어 선명하게 처리하였다. 타일은 집의 전체 디자인 콘셉트에 맞춰 골라야 하는데, 패턴이 있는 것과 민무늬 계열은 그 느낌이 전혀 다르다. 타일이 시공될 면적을 고려해 타일 사이즈를 선택해야 하고, 여러 개의 타일을 섞어 붙일 경우는 타일의 두께도 고려해야 마감선이 일정하게 나온다. 루코 세라믹

평면과 동선 구성

2층 평면도

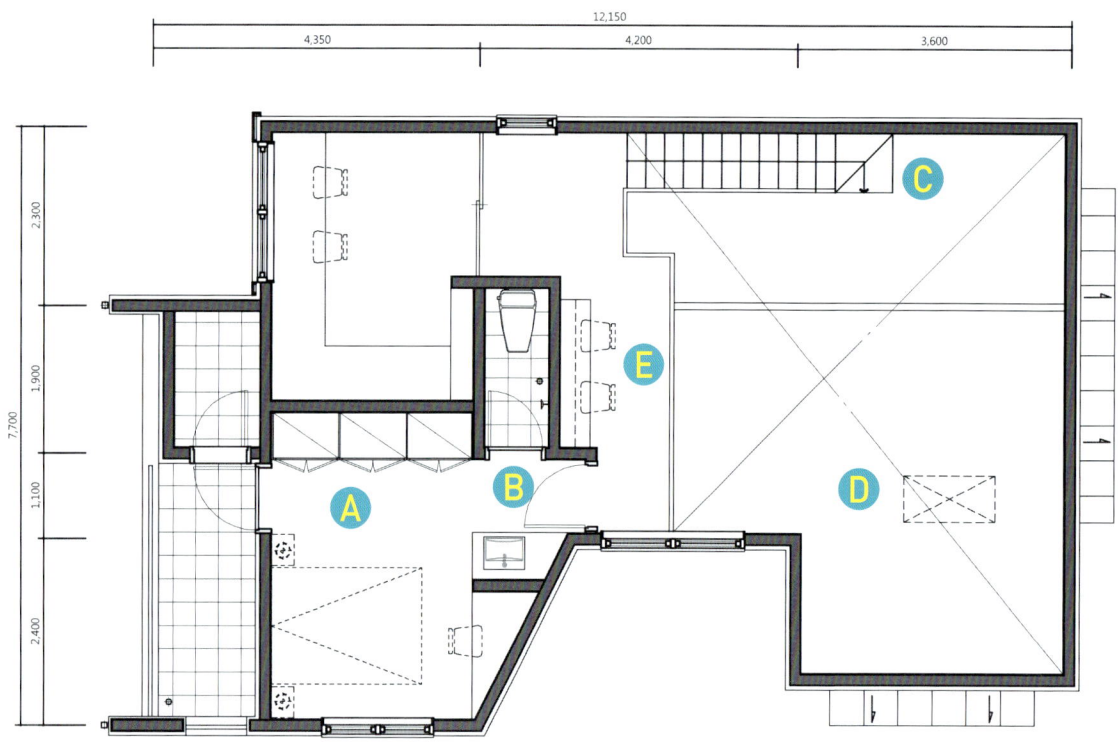

" 1층은 주부 중심의 공간이 되고
2층은 다소 조용한 서재와 부부침실이 자리한다 "

A 2층 부부침실

북향이지만 남향빛을 받도록 천장의 경사면을 살리고 높은 창을 두었다.
입구 쪽에는 화장실-노출세면대-화장테이블이 서로 등지듯 마주보며 배치되었다.

B 안방에 딸린 욕실

좌변기와 샤워기가 있는 공간은 습식으로, 세면대와 파우더테이블이 있는 공간은 건식으로 만들었다.

D 2층에서 내려다 본 1층의 주방과 거실
주부가 주방일을 하면서도 어느 방향으로든 의사 소통을 할 수 있다. 2층에 올라서도 탁 트인 아래층을 느낄 수 있어 바닥 면적 대비 실제 느끼는 공간감이 훨씬 풍요롭다.

C 계단실과 2층 서재
올라가는 계단 초입에서부터 서재방까지의 시선이 뚫려있다. 서재방은 유리 미닫이문을 두어 남향에 고측창을 두어 밝은 방으로 만들었다. 계단 옆으로 다용도실로 가는 통로가 보인다.

E 갤러리형 2층 복도
2층 갤러리 복도는 공간이 깊어 보이도록 어두운색 벽지를 적용하였고 사진 액자들을 걸어두어 갤러리월로 사용한다. 건축주들은 처음 디자인을 계획할 때 모든 공간의 용도에 대해 고민을 하는데, 때로는 적절히 비워두는 것도 여백의 미가 된다.

단면과 공간 위계

A 2층 서재방
북향이지만 남향채광을 받도록 지붕선을 살려 천장 구조를 만들었다. 자녀들은 장성한 관계로 가끔 들르는 정도가 될 것이므로 평소에는 건축주 서재로 사용된다.

B 시선이 트인 거실
거실이 삼면으로 트여 있어 채광과 조망에 유리하고 1층 높이에서 2층 천장 높이로 서서히 트여지는 수직 공간감이 주거공간 내의 원활한 소통을 이끈다.

C 계단실 초입과 이어진 응접실
좌식 평상으로 계획되었다가 벽 주변으로 툇마루를 설치하고 6인 테이블을 두는 것으로 변경했다. 좌식 평상은 우리나라 사람들이 대중적으로 선호하는 경향이 있지만, 무릎 건강을 염려하는 이들에게는 입식 공간이 더 합리적일 때도 있다.

" 레벨 단차로 인해 공간의 위계가 구분된다 "

단면도 1

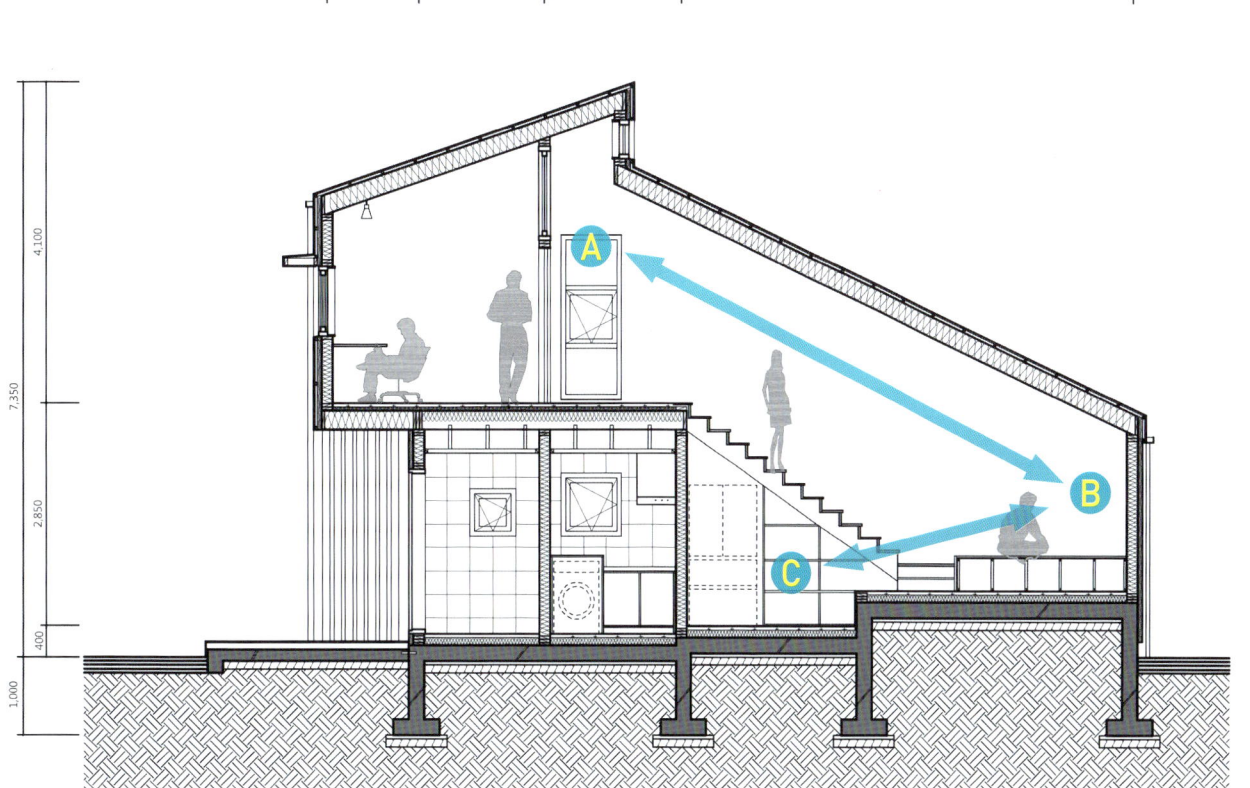

단면과 동선 구성

단면도 2

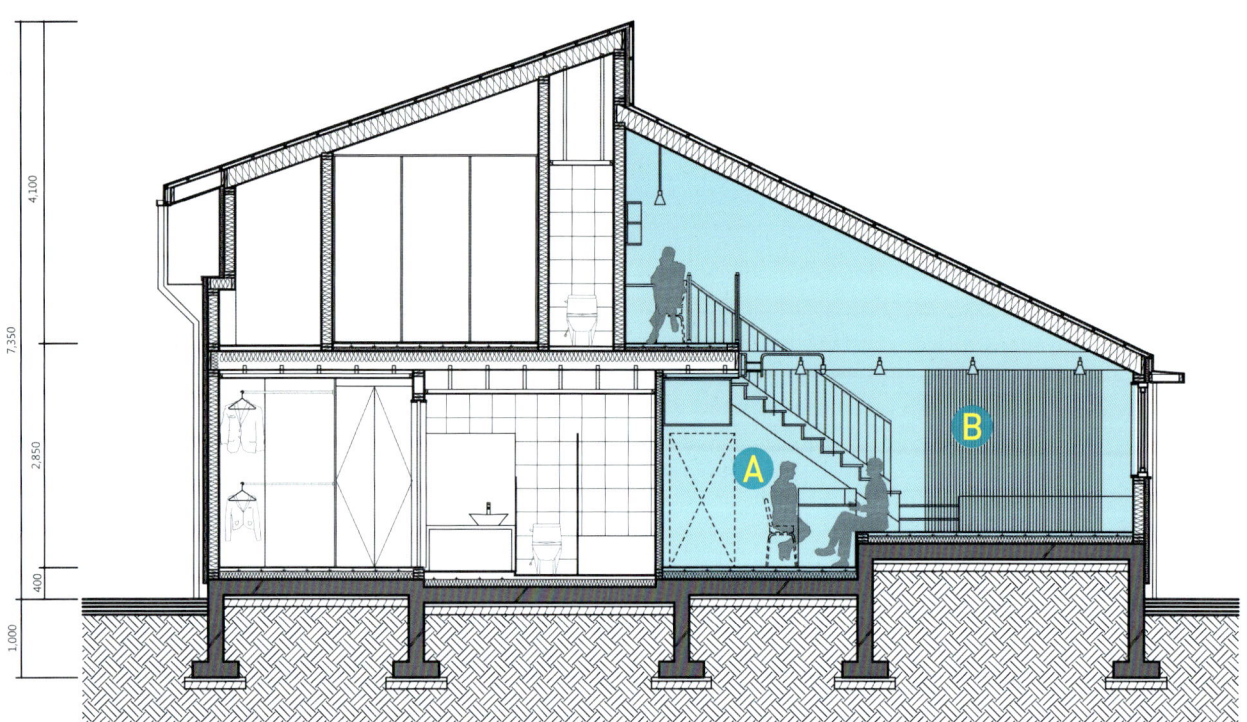

A 마당으로도 트여 있는 주방에서의 시선

"단면이 재미난 집은 입체적이다"

B 이 집의 공간감을 가장 잘 보여주는 거실 샷

장스팬 구간을 보강해주는 PSL 공학용 목재.
노출시켜도 실내공간에서 잘 어울린다.

외장 시공 포인트

- 투습방수지 위에 레인스크린을 설치해 통기성을 주고, 그 밖으로 세라믹사이딩을 시공하였다.

- 외부 데크는 아연도 각관으로 틀을 짜서 내구성을 높이고 내부식성을 확보하였다.

- 창틀과 세라믹사이딩 외장재 사이의 재료 분리에 아연도컬러강판을 사용하고 코킹처리하였다.

- 처마와 외벽이 만나는 부분도 후레싱으로 끊어서 통기가 되게끔 해야 한다.

- 세라믹 외장재 코너부분 처리

내장 시공 포인트

건축주는 기밀과 단열 효과가 좋은 셀룰로오스를 단열재로 선택했다. 셀룰로오스는 천연목질섬유를 재활용하여 제조한 것으로 유럽, 북미, 일본 등에 이미 많이 사용되고 있다. 외부로부터 소음을 차단하는 효과도 있다. 여기서는 스터드 사이에 부직포를 씌우고 구멍을 내어 셀룰로오스를 바람으로 불어 넣었다. 이렇게 하면 스터드 사이로 배관 설비와 전기선들이 잘 보여 빈틈 없이 고루 충진할 수 있다.

- 집 내부의 방수 공사는 비노출방식의 방수를 하게 되는데, 크게 시트방수 + 도막방수와 FRP 방수로 나누어 볼 수 있다. FRP 방수는 건식시공된 부분에 크랙이 가지 않도록 코너 부분이나 재료 분리 부분의 방수 처리에 신경 써서 진행한다.

- 내부 벽은 OSB보다 강도가 높고 습기에 강한 친환경 ESB보드를 시공한 후, 라돈-free 석고보드를 덮었다.

디테일 도면

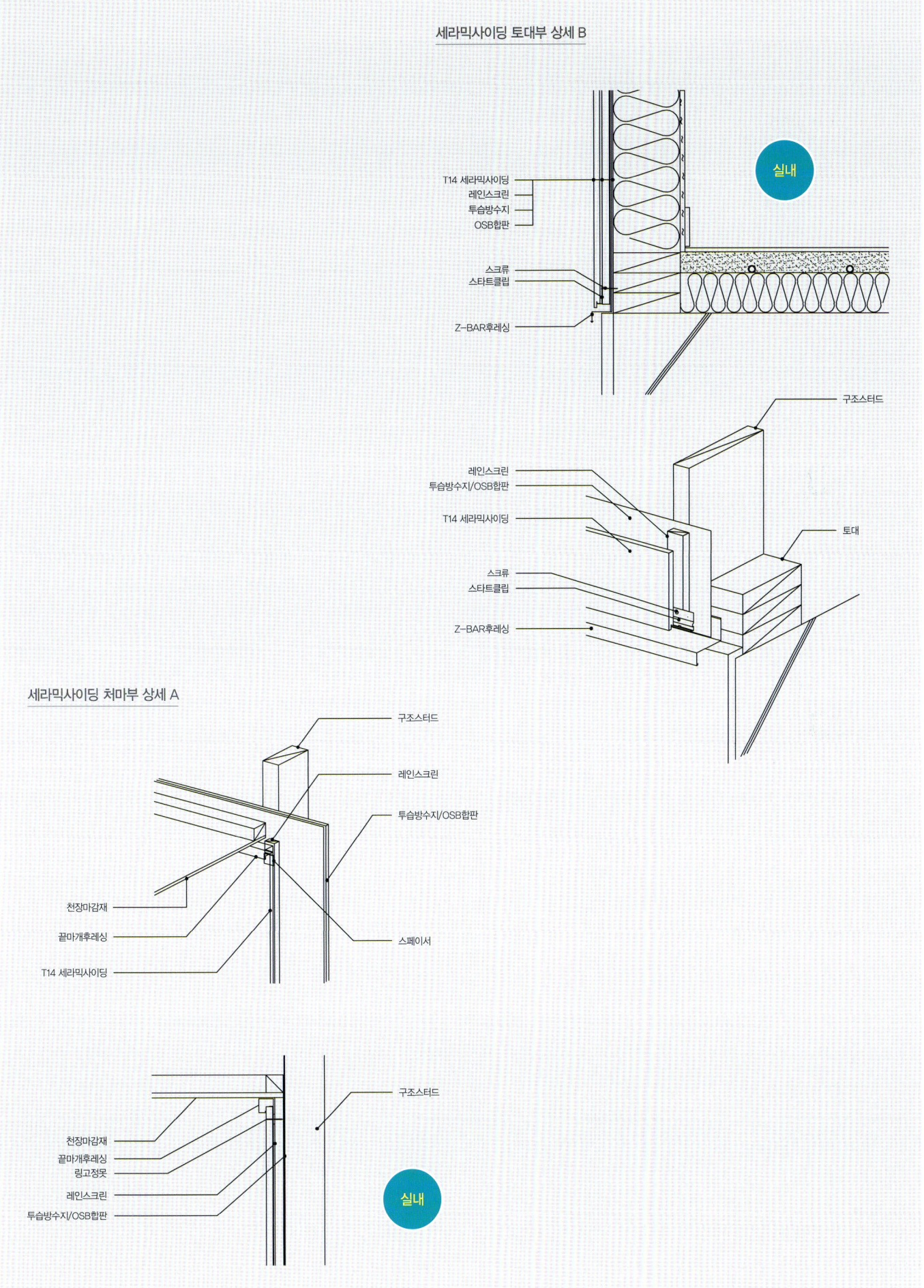

임소장's tip

도대체 우리 집은
어떤 골조로 짓지?
:
콘크리트 vs
목조주택 vs
스틸하우스

집짓기를 계획하는 데 반드시 넘어야 될 산이 있다. 바로 집의 골조 방식을 정하는 일이다. 건축주들은 설계에 들어가기 전까지는 크게 의식하지 않고 있다가, 막상 실질적인 결정의 시기가 오면 고민을 거듭하게 된다. 잡지나 여러 책에서 콘크리트가 어떻고, 목조는 어떻고 하는 이야기들을 접하긴 하나, 결정에 도움이 될 만한 진짜 현장 이야기는 따로 있다.

콘크리트주택은 주로 남성들이 원한다. '집은 자고로 튼튼해야지, 썩거나 태풍에 휘청이면 절대 안 되지' 이런 생각을 가진 이들이 선호할 것이다. 그런데 요즘 단독주택 시장에는 목조주택이 유독 성행하고 있다. 그 이유는 무엇일까?

일단, 시공자 수급이 철근콘크리트에 비해 원활하다. 디자인 주택이 늘어나면서 그런 경향은 더욱 강해졌는데, 목조는 형태 구성에 있어서 비교적 자유로운 반면, 콘크리트는 골조를 만드는 데 손이 많이 간다. 주택이 점차 소형화되면서 목조주택 골조가 늘어나는 이유가 거기에 있다. 또 콘크리트주택은 비슷한 상황에서 공사비가 더 들어간다. 골조 공정에서 시간을 오래 잡아먹기 때문에 경비 측면에서 비용이 상승하는 것이다.

물론 콘크리트주택도 장점이 있다. 아무래도 목조주택보다 각종 풍수해에 유리하며 집을 짓고 시일이 많이 흐른 후 전체적으로 개보수 할 때도 나은 면이 있다. 마감재를 철거하고 난 후에도 비교적 뼈대가 온전히 남아있기 때문에 나중에 증개축을 원하는 건축주는 콘크리트 방식을 선호하기도 한다.

그리고 옥상을 활용하는 박스형 스타일이라면 목조주택보다 콘크리트가 낫다. 목조주택은 방수 문제로 옥상 평지붕을 구현하는 데 어느 정도 한계가 있다. 디자인적으로 평지붕이나 테라스를 고집해야 한다면 콘크리트주택을 택하는 게 현명하다.

반면, 스틸하우스는 설계와 시공 과정에서 목조주택과 비슷한 점이 많다. 공장에서 골조 부재가 모두 재단되어 현장에 배송되어 현장에서는 짜맞춤으로 시공된다. 볼트로 조립하며 짓는 현장을 보면 남성들은 그 매력에 흠뻑 빠지기도 한다. 또한 목조보다도 시공 기간이 짧은 장점이 있다. 그러나 목조보다는 형태상의 변화에 대응이 늦는 편이며, 가급적 남부지방에서 많이 적용되는 방식이기도 하다.

좀 더 세밀하게 들어가서 층간 소음 등의 방음 문제, 내구성 문제, 친환경적인 측면에서 어떤 골조방식이 낫느냐는 질문을 많이 받지만, 어느 정도 존재했던 각 골조방식의 단점들이 자재의 발전과 시공기법의 향상으로 나날이 상쇄되어 가고 있으니 예비 건축주들은 그러한 문제로 인해 시공방식을 걱정할 필요는 점점 없어지는 것 같다.

또한 골조 방식을 선정하는 것보다 그 분야의 집을 오래 지어 실력을 쌓아 온 시공자를 확보하는 일이 더욱 중요한 일이다. 집을 지을 착공시점에서 충분히 여유를 두어서 디자인 과정과 시공자 선정 과정을 거친다면 크게 문제되지 않을 것이다.

다만 건축주들이 꼭 알아두어야 할 점은 디자인에 들어가기 전에 집의 골조 방식을 정해야 한다는 것이다. 골조 방식에 따라 그 장단점을 고려한 디자인, 하자를 예방하는 디테일들이 반영되기 때문이다.

Work History in 땅을 읽고 집을 짓다

01 충북 충주주택

02 전남 광양주택

03 용인 양지주택

04 양평 용천리주택

05 경기 하남주택

06 전남 나주주택

07 경북 의성주택

08 제주 애월주택

09 양평 회현리주택

10 경북 문경주택

11 전남 여수주택

• Coming soon

01
경기
양평주택

02
경남
거제주택

03
강원
양양주택

04
경기
하남주택

05
경기
평택주택1

06
울산
두동주택

07
제주
구좌주택

08
경북
포항주택

09
경기
이천주택

10
강원
평창주택

11
경기
평택주택2

마치는 말

홈스타일토토의 첫 주택작품집 『땅을 읽고 집을 짓다』에서 집을 짓는 기본을 먼저 말했다. '방 3개, 화장실 2개' 식의 기준보다도 집이 들어설 땅을 보고 디자인을 해야 집 내외부 공간을 풍요롭게 쓸 수 있다는 내용이었다.

이번에는 책의 기본 방향을 바꾸면서 완전히 새롭게 집필하고, 단행본에서는 다소 파격적인 큰 판형으로 제작해 신선한 느낌을 주고자 했다.

인터넷 정보는 날로 늘어가는 가운데, 일반인들의 집짓기 과정은 별반 달라진 것이 없다. 대중의 눈높이로 내려와 작업하는 건축가는 늘어가지만, 주택 디자인이라는 분야 자체가 소위 말해 큰 돈이 안 되기 때문에 잠시 머물다 가는 분야로 여기는 건축가도 있을 것이다. 하지만, 건축주 가족의 삶을 투명하게 들여다보고 진정 그에 맞는 디자인을 제시하고자 하는 건축가들이 진정 많아지고 있다. 단순히 고급 자재로 치장하는 집보다는 공간에서 재미를 찾는, 즐거운 집이 많아졌으면 하는 바람이다.

홈스타일토토는 잔잔한 호수에 항상 먼저 돌을 던져보는 자세로 일해 왔다. 이번 책은 작년 한해동안 우리가 디자인하여 지어진 집들을 도면이나 시공면에서 좀 더 자세히 소개했다. '이게 정답이야'보다는 '집이 이런 방법으로, 혹은 저런 방법으로, 그리고 다양한 모양으로 지어지고 있습니다'라는 것을 보여주려는 의도를 담고 있다.

먼저 지어진 많은 집들과 먼저 집짓기를 계획한 많은 이들의 사례를 보고 용기 내어 나만의 집짓기를 시작해 보기를 적극 권해 본다.

이 책이 나올 수 있게 힘써주신 주택문화사 식구들께 감사드리고 언제나 바가지보다는 응원이 먼저인 아내 이하림과 정작 우리 집은 언제 짓느냐고 원성이 높은 두 아들 찬규, 준규에게 감사를 전한다. 그리고 항상 모든 집들을 성심성의껏 디자인하는 사무실 식구 정신애 실장과 안영선 대리에게도 고마운 마음이다.

마지막으로 우리의 복잡한 요구사항을 언제나 불평 없이 시원시원하게 소화해 주는 시공사 JCON 황소진 소장님께 감사 말씀을 전하고 싶다.